歴史文化ライブラリー
614

住職たちの経営戦略

近世寺院の苦しい財布事情

田中洋平

吉川弘文館

目　次

現代につながる江戸の仏教—プロローグ……1
『世事見聞録』にみる仏教界／「寺院」とはなにか—経営体としての寺院／なぜ近世の寺院なのか／寺院経営と住職

近世寺院とはなにか

仏教を取り巻く社会環境……12
古代・中世の仏教界／祖先崇拝と檀家の形成／近世的寺院の建立／キリシタンの排除と寺院建立の推進／近世初期の寺院／「はちひらき」／本末制度の形成／天草・島原一揆と宗門改役の設置／寺檀制度／寺請の開始／「宗門改帳」から「宗門人別改帳」へ／宗門人別改帳の内容

寺檀制度の外側……42
寺檀制度と寺格—新義真言宗の事例／葬祭寺院と祈禱寺院／寺檀制度と寺格—曹洞宗の事例／信濃国における平僧地と法地／江戸時代の仏教界を理解するために

苦しい台所事情

禁制宗派の生きる道……58
信仰と寺院経営／「かくれ信仰」／日蓮宗不受不施派の誕生／本土寺と不受不施派／末寺の内信寺化／不受不施の教義と寺院の無住化／本土寺末寺の檀家数／檀家数と寺院経営／所持耕地の実態／不受不施の教義からみえる寺院経営像

進む過疎、消える住職……81
祈禱寺院とは何か／葬祭寺院と祈禱寺院／千妙寺と配下寺院／祈禱寺院の檀家数と檀徳銭／所持耕地からの収入／耕地集積の様子／住職の止住と寺院収入／無住化の進行／北関東農村の荒廃と寺院経営／なぜ無住化が進行したのか／祈禱寺院の無住化と村方の負担／現住化の道を探る村方／現住化への方策／無住化を回避する「心性」

住職の引き継ぎも金次第……127
住職の止住と「後住問題」／明星院／「本末帳」の分析／村鎮守別当寺としての新義真言宗寺院／無住化の急増／近世後期の無住化現象／後住の金銭負担／持参金と寺院経営／寺院に残される借財／後住に金銭を要求する隠居／住職への寺院資産の還元

寺の経営戦略と地域

寺院資産は誰のものか……166
「寺院資産」とは何か／荒地の譲渡と「起返し」／寺院所持耕地の取得とその後／寺院資産をめぐる住持と村方の対立／寺と「村」の力関係／寺院資産と田舎本寺／その後の経過／寺院資産をめぐる綱引き

知名度を上げろ……185
檀家・土地以外の「寺院資産」／東海寺の概要／東海寺の来歴／東海寺境内の移転／東海寺住職の配札／配札の成果／弁財天の開帳／出開帳の利益／居開帳の様子／居開帳と地域社会／名所の「創造」／村を巻き込み出資を募る／檀家以外からの出資／経営の多角化を志向する住職

近世寺院が語るもの―エピローグ……219
制度慣性としての寺檀制度／寺院経営史と地域社会史／『世事見聞録』の再考

あとがき

参考文献

現代につながる江戸の仏教——プロローグ

『世事見聞録』にみる仏教界

近世後期の文化一三（一八一六）年、絢爛《けんらん》たる化政文化が社会を覆いつつあるなか、「武陽隠士《ぶよういんし》」を仮称する正体不明の人物が一書を著した。書名は『世事見聞録《せじけんぶんろく》』。世情に対する鬱屈《うつくつ》した情動と広範な知識にもとづく舌鋒鋭い社会描写。百姓といわず武士といわず、縦横無尽に展開される批判的記述。日本近世史研究の蓄積が進められるなか、これまでにも多くの研究者が『世事見聞録』に強くひきつけられてきた。これはすなわち、この時期の社会・経済・政治などを考察するにあたって、同書が豊富な素材を提供してくれる論評であることを意味している。本書の主題となる寺院・僧侶の実態や、仏教界全体についてもまた同様である。

当時の世情に対する批判的精神に富んだ同書の一節を紹介することから、本書の記述を先へと進めてみたい。

　坊主の申すこと悖《おのの》き背き、あるいは不行状なる事を憎み咎《とが》めなどするあれば、（中略）宗門改《しゅうもんあらた》めの節、証印を拒み、又は他所へ縁組せし時、送り状を出さず、或いは死人ある時は、病気その他故障を申し、葬式を手間取らせ、又は引導を渡すまじく

　ここに記されている「宗門改め」とは、近世社会において、幕府が禁止する宗派の信者ではないことを確認する手続きを指している。具体的には、キリスト教や日蓮宗《にちれんしゅう》不受不《ふじゅふ》施派《せは》などがこれに該当する。これらの宗派は、布教活動を禁じられ、人々も信仰することが許されなかった。これを証明する権限が、僧侶に付与されていたのである。

　武陽隠士が「証印」と呼ぶ行為は、一般に「寺請《てらうけ》」、あるいは「宗判《しゅうはん》」という用語で知られている。高等学校の教科書にも記されているように、「寺請」をしてもらえなければ、人々は禁制宗派の信者とみなされ、幕藩権力による弾圧の可能性にさらされた。それぞれの僧侶は、この権限を得ることによって、檀家《だんか》の生殺与奪権を握ったと理解する研究者も多い。

　武陽隠士が批判したのは、こうした権限を獲得した僧侶の言動であるといえるだろう。各寺の檀家となった人々に対し、人別送状の作成を怠り（「他所へ縁組せし時、送り状を出さず」）、死者が出た際の引導を渋ることがあった（「葬式を手間取らせ、又は引導を渡すまじ

く」）と記されている。すべての僧侶がこのように居丈高な振る舞いをしていたとはにわかには信じられない。仮に武陽隠士の言葉に信憑性があるとすれば、僧侶のあきれた実態が白日の下にさらされた格好である。

『世事見聞録』のこうした記述は、どれほどの正確性をもっているのだろうか。近世宗教史研究者によって発掘された例を次にあげてみよう。圭室文雄は、近世中期の相模国《さがみのくに》で発生した僧侶の不義密通事件を紹介している（同『葬式と檀家』）。

この事件では、僧侶が密通関係を三年間も継続させたのち、そのことが夫に露見した。にもかかわらず、僧侶に対する咎めはなく、妻に離縁が言い渡されるという結果に終わった。いかにも理不尽な結末である。しかも、妻側の証言では、僧侶が寺請の不執行をほのめかしながら、不義密通を迫るというありさまである。この証言に真実性があるならば、武陽隠士によって指摘された内容が、まさにそのまま事件化した実例といえるだろう。

さらにもう一節をみてみよう。

法事・回向《えこう》・供養等、仏前へ出る節も威儀堂々と出で立ち、焼香・念誦《ねんじゅ》するといへども仏へ対し敬礼薄く、信心のほど覚束《おぼつか》なく、己が威儀のみ取り繕ひ、また檀那へ対して、あるいは小身なる武士かまたは陪臣《ばいしん》以下の法事・供養などは自身に勤めず代僧など出し、もし檀那よりたつて自身の執行を乞ひ願うときはこれまた礼禄に拘《こだ》はるなりこの一文からは、檀家に対して高圧的な態度をとる僧侶の姿がみえてくる。敬仏の姿勢に乏しく、金銭的見返りの多寡や相手の身分によって態度を変える僧侶。これを可能にしたのは、ひとえに僧侶が檀家に対する寺請の権限をもっていたからと考えることもできる。

このように、江戸時代の寺請は、僧侶が檀家となった人々に対して、一定の優位性を確保することができる権限であった。寺請にもとづいて制度化された寺檀《じだん》関係は、一般に「寺檀制度」と呼ばれている。寺請と寺檀制度。この二つは、近世の寺院を考えるうえでの鍵語である。

「寺院」とはなにか—経営体としての寺院

ここでさらに、本書の内容に関わるもう一つの重要な術語である「寺院」についても確認しておきたい。

一般に何気なく使用している「寺」とか「寺院」という用語からは、何を想像するだろうか。入口となる山門を過ぎると、境内《けいだい》にいくつかの堂舎や鐘楼が存在し、本堂には仏像が安置されている。あるいは門前に商店街が広がり、賑わいをみせている場合もある。私たちが想像するのは、一般にこうした仏教的な宗教施設や境内空間ではないだろうか。

しかしながら、本書で用いる「寺院」とは、こうした宗教施設やそれに伴う空間を指すものではない。境内の堂舎が木造なのか鉄筋なのか、あるいは境内地の堂舎がどのように配置されているのか、といった事柄は、本書の内容から外れている。それでは、ここで使用する「寺院」とは、どのように定義されるのだろうか。

各地に存在する個別の寺は、住職が宗教活動を行う活動拠点である。浄土真宗《じょうどしんしゅう》の僧侶や修験者《しゅげんしゃ》のように、妻帯し家族を構成する場合もあるものの、その他の宗派では、近世においてこれが許されていない。原則として、独身の寺僧によって葬祭や祈禱をはじめとする宗教活動が行われ、その対価となる金銭や米などを得ていた。僧侶による宗教活動は、視点を変えれば経済活動そのものである。

経済活動という点でいえば、現代でも寺が駐車場などの不動産収入を得ていたり、保育園や幼稚園、あるいは学校法人の運営母体となっている事例も散見される。他の職業に従事しながら、寺の運営を担っている住職も多数存在するだろう。これと同様に、近世においても各寺が農地を所持していたり、祠堂金《しどうきん》の貸し付けなどの金融に携わることによって収入手段を確保していた事例が報告されている。金銭的な見返りは小さいものの、寺子屋《てらこや》の師匠などもその一例である。

このような経済活動は、各寺の立地や社会経済的な環境、あるいは住職の志向によって多種多様となる。ここで重要なのは、寺に関わる多様な経済活動の一つとして、宗教活動が認識される点にある。言い換えれば、僧侶による宗教活動が、それぞれの寺にとっての重要な経済活動であるのと同時に、そうした経済活動は、宗教活動以外にもさまざまに想定される。

こうした点をふまえると、「寺院」とは、宗教活動を含む多様な経済活動によって維持される一つの経営体であると定義することが可能であろう。「寺院」の社会的存立基盤は、寺僧による宗教活動によって支えられている。寺僧の宗教活動によって、「寺院」は「寺院」たらしめられているともいえるだろう。他方において、近世における「寺院」を経済活動の総体として把握しようとするとき、寺僧の宗教活動は、有力な経済活動の一つとして把握する必要がある。それとともに、他の経済活動にも目を向けることが求められるだろう。さらにいえば、寺僧による宗教活動が、他の経済活動によって支えられる場合もあることに留意する必要がある。

民俗学者の安室知は、農家経営の分析から「複合生業」という概念を提示している。安室によれば、農家内部では、さまざまな生産技術や手段を組み合わせながら、その生計を維持しているという（同「日本稲作と複合生業」）。経営体としての「寺院」も、まさにこの例に当てはまるといえるのではないだろうか。

僧侶による宗教活動は、「寺院」の社会的存立基盤を支えるものではある。ただし、そこから得られる収入が、経営体としての「寺院」全体の主収入となっているとは限らない。

「寺院」の社会的存立基盤と経済的存立基盤とを同一視することは、必ずしも適切ではないといえよう。

複合的な経済活動を統合することによって、はじめて成立する経営体としての「寺院」。この時代の「寺院」は、どのようにして生き残りを図り、存続していたのか。本書の課題は、こうした寺院像を描出することにある。

なぜ近世の寺院なのか

不幸なことに、身近な人物が亡くなったとしよう。残された家族は、現代であれば葬儀社に連絡し、故人の葬送儀礼を執り行う。先祖の代から関係を結ぶ菩提寺《ぼだいじ》があれば、その住職にこれを依頼し、なければ故人と同じ宗派の寺院を探し出し、新たな関係を取り結ぶ。葬儀を行った寺の僧侶には、三回忌、七回忌といった仏教的な節目に法要を営んでもらう。家族や親戚が久しぶりに顔を合わせる機会ともなろう。こうした光景は、近年崩れつつあると指摘されている。それでもなお、このような関係を当然のこととして受け入れている人々の方が多いのではないだろうか。

日本列島に仏教がもたらされたのは、六世紀半ばのこととされる。それ以来、法隆寺《ほうりゅうじ》や東大寺《とうだいじ》など、多くの有名な仏教建築物が建立されてきた。しかしながら、伝来後すぐに庶民に至るまで仏教が根づいたわけではない。また、中世鎌倉時代には、一般に「鎌倉新仏教」と呼ばれる宗派が登場するが、これらが教団としてのかたちを整え、仏教界の主流となるのはさらにあとの時代のことである。

それでは、特定の寺院の檀家となり、その僧侶に葬祭や法事などの仏事を執行してもらうような宗教環境が整えられるのは、いつの頃からなのだろうか。結論をいえば、そうした環境が整備されるのは、近世という時代を待たねばならない。それぞれの村や町に広く寺院が展開するようになるのは、後述するように近世に入ってからである。その意味において、この時代の寺院の主役は、先にあげたような大寺院ではなく、私たちが日常目にする各地域の寺院である。そして、現代に生きる私たちの宗教環境は、この時代に規定されている。

寺院経営と住職

寺院の住職は、自派の教義を広める宗教者であると同時に、経営者たることも求められる。例えば現代において、檀家からの収入に安住せず、多角的な寺院経営を希求する僧侶が脚光を浴びつつあるのは、寺院の経営資源が多様であることの裏返しでもある（橋本英樹『お寺の収支報告書』）。

かといって、そうした経営資源は無限に存在するものではない。時代的な社会環境に制約される側面があることもまた言を俟《ま》たない。限られた資源を最適化し、寺院経営を安定化させる。檀家や地域の人々から寄せられる宗教的要望に応えるためにも、それぞれの寺院はそれぞれの地域で長く存続していくことが求められる。いうなれば、「経営の維持と存続」は、各寺院が直面する大きな課題である（鵜飼秀徳『寺院消滅』）。

こうした点をふまえて、本書で確認したいのは、これまでの宗教史研究において、等閑視されがちであった「経営者としての住職」が、どのような経営判断のもとで各寺院を運営していたのか、という点である。こうした分析視角から、そもそもそれぞれの寺院は、檀家からの収入のみに依存してきたのか、という根源的な問いに対する回答を試みたい。あわせて、寺院経営を左右する地域の人々との関わりについても考究することが必要だろう。

今日的な寺院の淵源が江戸時代にあるのだとすれば、その経営の内実を歴史的延長線上で分析しなければならない。寺院経営の多様な実態を分析することは、まさに歴史学研究を進めるうえでの課題であるともいえる。

さて、前置きはこれくらいにして、近世寺院をとりまく経営環境と住職たちの経営戦略を具体的に描いていくこととしよう。

近世寺院とはなにか

仏教を取り巻く社会環境

古代・中世の仏教界

「鎮護国家《ちんごこっか》」という用語を日本史の授業で聞いたことがあるだろうか。古代史の分野で登場する術語である。古代の寺院は、原則的に朝廷の財政支援によって運営される「官寺《かんじ》」であった。現代に生きる私たちの感覚に即していえば、国営寺院といってもよい。この時代の寺は、朝廷を中心とした支配統治者や、彼らによって構築された体制の安寧を祈るために建立された。

官寺に所属する僧侶たちは、個別的な一般の人々のために仏事を執行していたのではない。あくまでも「国家」をその対象とし、王権のために活動していた。荘厳かつ華麗な建築物としての寺は、王権の政治経済力をそのまま示す鏡である。この時代、寺院の護持者は国家であり王権である。「鎮護国家」という用語は、このことを象徴的に表現している。

そこからは、寺院を支える個人や家、すなわち「檀家《だんか》」という概念は登場しえない。

こうした寺院のありさまは、古代から中世の過渡期にいったん瓦解する。班田制《はんでんせい》が充分に機能しなくなったことに伴って、朝廷からの財政的支援が期待できなくなったからである。しかし、歴史事象として面白いのは、まさにここからである。中世に入ってからの寺院は、前代をはるかにしのぐ規模で歴史上に再登場するのである。これには理由がある。高等学校の教科書でも目にする「不輸《ふゆ》の権」と「不入《ふにゅう》の権」。朝廷の財政的支援を得られなくなった寺院は、これらの特権を最大限に利用して復活を遂げるのである。

「不輸の権」を得た寺院は、租税負担を軽減させることで人々を寺領内へ流入させることに成功した。同時に「不入の権」は、アジールの機能を寺院に付加する。アジールとは、国家権力の及ばない空間的な場所を指す。そうした場が、各地の大寺院に設定されたのである。重税からの逃散《ちょうさん》を試みようとする者、それぞれの地域で社会的・経済的な問題を抱えるに至った者、はては犯罪人に至るまで、多くの人々が寺院に設定されたアジール空間を目指して駆け込んだ。

こうした人々を抱え込むこととなった寺院は、これらの人々を動員することで、厖大な寺領荘園群をつくりだし、その維持にあたった。あるいは、商工業者の座元となることで、経済的に潤うといった循環を生みだす。今日的な表現でいうところの「経済特区」の中心として、寺院が機能し始めたのである（伊藤正敏『日本の中世寺院』）。

中世のこうした寺院は、やがて武家や公家《こうけ》と並ぶ大勢力へと変貌を遂げることとなる。武家と公家、そして寺院という三大勢力よって構成されたこの時代の権力構造を「権門《けんもん》体制」という用語で整理した研究者もいる（黒田俊雄『寺社勢力』）。それぞれの寺院は、その経営を自らの経済活動によって維持する。寺院を経済的に支える「檀家」という概念が登場するのは、さらに次の時代を待たねばならない。

祖先崇拝と檀家の形成

それでは、中世段階において、寺院を支える個人の存在は皆無であったのだろうか。答えは否である。この時代にも、確かに寺院を経済的に支援する特定の外護者が存在した。いわゆる「檀越《だんおつ》」である。一部の上級貴族や武士、あるいは大きな商家が外護者となり、一族として寺院・僧侶との間に固定的な関係を構築した（岩田重則『「葬式仏教」の形成』）。ただし、そうした事例は例外的であったといわなければならない。その理由を檀家の形成という観点から考えてみたい。

檀家とは、個別の寺院を経済的に支える存在であるのと同時に、特定の先祖を祀る単位であると考えることができる。ところが、中世までは、さまざまな出自をもつ者が一つの家族を構成している。いわゆる大家族制である。大家族のなかには、複数の小家族や被官《ひかん》、下人《げにん》といった人々までが含まれ、これが一つの単位をなしている。これでは共通の人物を祖先として敬い、それを共有することは困難である（竹田聴洲『祖先崇拝』）。

時代が中世から近世へと移行しようとするとき、家族の形態にも大きな変化が生じた。単婚小家族の形成である。私たちが檀家という言葉から想起するのは、一組の夫婦とその子どもたちによって構成される、この単婚小家族を単位としている。つまり、小家族の形成と祖先崇拝の観念が、今日まで続く檀家の形成に必要なのである。そしてこの両者は、中世末期から近世初期段階に至って、ようやく成立してきたという点を確認しておくことが必要である。

近世的寺院の建立

さて、檀家とともに寺檀《じだん》制度の中核を担う寺院は、いつの時期にどのようにして成立してきたのだろうか。この点について確認していきたい。

先述のように、寺檀の関係が制度として構築されるにあたっては、キリシタンなどの禁制宗派の信者ではないことを寺院の住職が証明する寺請《てらうけ》の執行が契機となった。通説的な理解では、幕府は慶長一七（一六一二）年にまず幕領に対しキリスト教禁教令を発布し、これを翌年、全国に拡大した。ここから漸次的に各地域の寺院が建立されることとなる。

浄土宗《じようどしゆう》教団では、元禄年間（一六八八〜一七〇四）から享保年間（一七一六〜三六）にかけて、各地に展開する寺院の開創年代を調査し、これを「蓮門精舎旧詞《れんもんそうじやきゆうし》」という文書にまとめている。この史料をみると、建立の年代がわかる三二六ヵ寺のうち、全体の約七割が天正年間（一五七三〜九二）から寛永年間（一六二四〜四四）にかけて建立されている（竹田聴洲「近世諸国蓮門精舎の自伝的開創年代とその地域的分布（一）」）。

また、圭室文雄の研究によれば、九州細川《ほそかわ》藩領の一向宗《いっこうしゅう》寺院について、その成立年代がわかる四三七ヵ寺のうち、一六〇一〜五〇年の間に創建された寺院が全体の約六割を占めていた。これに一六五一〜一七〇〇年に創建された寺院数を加えると、全体の八割強が一六〇一〜一七〇〇年の間に創建されたという（同『葬式と檀家』）。

こうした数量的な把握からは、どのようなことがわかるのだろうか。先ほど述べた幕府のキリスト教禁教令と関連させて考えていこう。幕府がキリスト教を禁教の対象としたのは、一六一〇年代前半であった。一方で、各寺院の僧侶が寺請を執行し、檀家となった人々に対して、非キリシタンであることを証明するようになるのは、寛永一二（一六三五）年以降のことである（圭室文雄『日本仏教史　近世』）。両者の間に、二〇年程度の時間的なズレがあることがわかるだろう。キリスト教禁教令と寺院の僧侶による寺請は、時間軸的に必ずしも等号で結びつかない。

このように、キリスト教禁教令が発布されたからといって、すぐに寺請が開始されたわけではない。キリスト教禁教令と寺請開始との間の時間差。この時間的なズレをどのように考えたらよいのだろうか。

キリシタンの排除と寺院建立の推進

江戸幕府がキリスト教を禁教としたとき、その取り締まりのために採用することができた術は、弾圧的な手法である。キリスト教信者や宣教師などを見せしめとして磔刑に処したり、拷問によって棄教を迫るといった方法、あるいは有名な絵踏《えふみ》などがこれに該当するだろう。また、幕府や各藩は、キリシタンの密告を奨励したことも知られている。

ただし、ここで考えなければならないのは、キリシタン排除のために用いられたこうした方法は、あくまでもキリシタンの存在を前提とした対処に過ぎない、という点である。弾圧的な手法を用いることでキリシタンを棄教させたとして、その後の信仰をどのように考えるのか。あるいは、そもそもキリスト教に近づかせないためには、どのような施策が必要なのか。キリスト教の布教はもとより、その信仰までをも一切否定するという方針を掲げた幕藩権力にとって、この点が次の課題として浮上したであろう。

こうした状況下で、幕府は仏教寺院に目を向けた。各仏教教団を幕府の管理下におきつつ、仏教と寺院を利用して、人々をキリスト教に近づけないための施策を用意する。その中心が寺請であると考えられるだろう。ここで大きな問題となってくるのが、寺院数が絶対的に不足しているという実情である。古代・中世以来の大寺院のみでは、全国津々浦々の人々に対して寺請を執行する必要数を満たさない。より地域に密着した小寺院が必要である。

幕府のこうした方針をうけて、各仏教教団は教線の拡大を志向した。キリスト教を排除するために寺院を利用したい幕府と、教勢拡大のために寺院の建立を進めたい各仏教教団。両者の思惑がここに一致する。

日本史の教科書に登場するような名刹や古刹ではなく、私たちが日常的に目にする寺院の多くは、近世初期に開創された。キリスト教信者が存在し、かつそうした人々に対する棄教が求められたからこそ、寺院の建立が促されたのである。

もちろん、こうした動きは、単線的かつ順調に進んだわけではない。各大名の政策に温度差があり、地域的にも偏差がみられる。全国的な視野から俯瞰すれば、キリスト教禁教令と寺請の実施に関する時間的な差異は、禁教政策を表明したのち、その施策の一環として寺院の建立が進められたからであるといえるだろう。キリスト教禁教令と寺請の開始との間に存在する時間的なズレが生じた理由はここにある。

近世初期の寺院

『肥後藩人畜改帳《ひごはんじんちくあらためちょう》』。これは、寛永一〇（一六三三）年、熊本藩主・細川忠利《ただとし》に提出された台帳である。同国のうち、合志郡《こうしぐん》は全一三〇ヵ村、玉名郡《たまなぐん》は一部の村について、各戸の石高・構成人数・牛馬の有無などを記している。同改帳は、近世初期段階における家族のありさまを詳らかにしているのと同時に、この時期における寺院の実態を明らかにしうる貴重な史料であるといえるだろう。同史料の分析から、寺請が全国的に実施される直前の寺院の実態を確認してみたい。

表1は、『肥後藩人畜改帳』から寺院を抽出したものである。この改帳には、肥後国合志郡内で一五例、計二一名の僧侶が登場する。宗派については八例が「一向坊主」（あるいは「いかうほうす」）で、「善宗」（禅宗《ぜんしゅう》）と「天大宗」（天台宗《てんだいしゅう》）がそれぞれ一例ずつ確認される。残りの五例については、所属教団の記載がない。

ここからは、同国で一向宗（浄土真宗《じょうどしんしゅう》）が優勢あった事実とともに、宗派すら確定しえない寺院僧侶が一定程度存在していたことをうかがわせる。近世的な仏教教団の前提となる本末《ほんまつ》関係を形成する動きは、慶長末年（一六一四）から元和年間（一六一五〜二四）にかけてみられる（圭室文雄『日本仏教史　近世』）。ただし、その体制は、禁教令から二〇年以上を経た寛永年間（一六二四〜四四）に至っても完成をみていない。未だその途上にある。

堂舎		屋敷地	備考
間口	坪数		
4間×7間	28	2反	「一向坊主」 ほかに15歳以下の僧侶1
2間×4間	8	1反	
2間×4間	8	7畝9歩	「一向坊主」
2間×3間	6	1反2畝24歩	「善寺」
2間×5間	10	（不記）	「一向坊主」
2間半×5間	12.5	1反4畝18歩	「浄蓮寺」 「いかうほうす」
2間×5間	10	5畝	「いかうほうす」
2間×4間	8	4畝24歩	「一向坊主」
4間×5間	20	2反3畝	
9尺×3間	2.7	（註2）	「百性彌吉」家内3名のうち 「地蔵寺」か 「但なゑ坊主」
（不記）		（註2）	「百性勝吉」家内3名のうち
（不記）		（註2）	「百姓助右衛門尉」家内6名うち
4間×5間	20	7畝	「一向寺」
9尺×4間	3.6	12間×15間	
2間×4間	8	15間×13間	
	11.1		

表1　『肥後藩人畜改帳』にみえる寺院（合志郡）

	寺院・僧侶名	町村名	人数	僧侶数	石高	牛馬計
1	嚴照寺	合志郡竹迫町	15	1	4石6斗7升4合	4
2	眞教寺	合志郡原口村	3	1	（不記）	（不記）
3	了順	合志郡二子村	6	2	5石8斗7升	2
4	天徳寺	合志郡北田島村	1	1	（不記）	（不記）
5	光徳寺	合志郡南田島村	4	2	（不記）	1
6	じやうれんし	合志郡鳥栖本村	14	3	7石4斗5升8合	2
7	了正	合志郡鳥栖本村	7	2	（不記）	1
8	了喜	合志郡城村	2	2	（不記）	（不記）
9	碧岩寺	合志郡坂井村	7	1	5石	1
10	馳藏寺	合志郡伊坂村	1	1	（註2）	（註2）
11	（勝吉おや）	合志郡塔迫村	1	1	（註2）	（註2）
12	（助右衛門尉おや）	合志郡塔迫村	1	1	（註2）	（註2）
13	大願寺	合志郡本苦竹村	8	1	1石6斗8升	1
14	一向坊主	合志郡下町村	7	1	4斗8升	（不記）
15	天大坊主	合志郡平村	3	1	4石9斗4合	1
合　計			80	21		13
平　均			5.3	1.4	4石2斗9升5合	1.6

（註1）底本は大日本近世史料の『肥後藩人畜改帳』東京大学出版会，1955年とした.
（註2）寺院あるいは僧侶が各百姓家に包摂されている.

次にこの一五の寺院について、経営規模を分析してみたい。各寺院の構成人数は、最大で一五名、最少で一名となっており、平均は一一名程度となる。妻帯し家族を形成することが許されている浄土真宗寺院が過半を占めているため、各寺院の構成人数も多くなっている。

所持石高については、記されてない寺院も多い。確認できる寺院のみに限ってみると、最も多い「じゃうれんし」（№6浄土真宗）で七石余り、最も少ない大願寺《だいがんじ》（№13浄土真宗）では一石程度となっている。農耕用と推測される牛馬を所持している例が散見されることからみても、寺檀制度が確立されていないこの時点において、寺院の経済基盤は、農業収入を主にしていると考えてよいだろう。

『肥後藩人畜改帳』に記載された寺院の実態からは、大檀家から多額の経済的支援を得られるような少数の例を除けば、安定的な経営を維持したとは考えにくい。単婚小家族の形成も未完成である。檀家の形成には、さらに時間の経過が必要だろう。

このような条件下で、小規模な寺院の経営が安定をみるはずがない。そうした環境下にある寺院にとって、寺請の開始はまさに僥倖《ぎょうこう》であっただろう。僧侶にとっての寺請は、「干天の慈雨」であったと表現している研究者もいる（圭室文雄『日本仏教史　近世』）。まさに言い得て妙である。

「はちひらき」　ここでさらに『肥後藩人畜改帳』の分析を進めてみよう。この史料には、「はちひらき」と記された宗教者が登場する。漢字で書くと「鉢開」となる。この「はちひらき」を『日本国語大辞典』で説示してもらうと、「鉢を持った僧形の乞食《こじき》。女の乞食を鉢開婆・鉢婆という。鉢開坊主。乞食坊主」となる。僧形とはいえ、正式な僧侶とはみなしがたい存在である。

以下に、「はちひらき」に関する史料を『肥後藩人畜改帳』から例示したい。

一　高六拾石九斗弐升七合
　　男女合拾六人内

壱人理右衛門　　壱人名子《なご》別当《べっとう》
壱人おと、　　壱人同はちひらき
壱人男子　　壱人同むすめ、歳十五より下
弐人同、歳十五より下　　壱人同男子
壱人は、　　壱人同女房　庄屋 理右衛門
壱人嫁　　壱人下人
壱人女房　　弐人うは

（中略）

弐間　六間本家
弐間　五間かまや　　九尺　弐間名子本家

一　家數合拾三斬内（ママ、以下同）　弐間　四間ざしき　九尺　三間同かまや
　　　　　　　　　　九尺　弐間持仏堂　九尺　三間同本家　同人
　　　　　　　　　　九尺　三間三斬、部や　六尺　弐間同かまや
　　　　　　　　　　九尺　三間部や　六尺　弐間同うは部や
一　屋しき　拾五間　壱反三畝　同人
　　　　　　弐十六間

これは、肥後国合志郡打越村《うちこしむら》の庄屋《しょうや》「理右衛門」家の例である。石高六〇石余り、「名子」などを含む構成人数一六名からなる複合大家族で、このなかに一名の「はちひらき」が確認される（傍線部）。この「はちひらき」には、「女房」が一名、男女一人ずつの子どもがいる。いわば、家族を構成している存在である。

この史料では、「はちひらき」が単独で一家をなしているのではなく、理右衛門の家に包摂されている。この点は注目に値する。ほかにも同様の類例は確認されるだろうか。

『肥後藩人畜改帳』で合志郡の様子を確認すると、同郡には四二例、四五名の「はちひらき」が登場する。このうち、単独で一家を構成している事例は、わずかに一例のみであり、ほかはいずれも各家に包摂されている。「はちひらき」を包摂している各家の構成人数は平均一〇名程度、このうち「はちひらき」を複数名抱える事例は三例あるだけで（い

ずれも二名）、それ以外は一名となっている。

各家において、「はちひらき」は、宗教活動を展開するのと同時に、農業労働に従事することが想定される。そうであったとしても、下人である「名子」などに比べて労働寄与の比重が小さく、一方で宗教者としての活動も行う人物を包摂することができる人数がこの程度であったことを示している。

「はちひらき」の住居については、判明する一九例についてその平均が四坪弱である。このの各地域に展開する寺院と比べて、あまりに小さい。また宗派については、「りんさい」（臨済宗《りんざいしゅう》）と記されているのが一例あるのみである。それ以外については、宗派さえ明確とならない存在であった。

ここまでの分析から、寺檀制度が未だ確立していないこの時期には、所属する教団すら曖昧《あいまい》な僧形の宗教者が多数存在したことが判明する。「はちひらき」も同類の存在であろう。そして、彼らこそが、こののち寺檀制度の主役を担った寺院の僧侶として活動していくこととなる。

岩田重則の研究では、「（中世までの葬送は）下層僧侶または漂泊民的僧侶などが、葬送儀礼、遺体処理などを行うというのが現実ではなかったかと思われる」としている（同『『葬式仏教』の形成」）。岩田がいう「下層僧侶」とは、まさにこの「はちひらき」を含んだ宗教者ということになるだろう。『人畜改帳』の記載もこの指摘を裏づける内容となっている。江戸幕府が開かれて三〇年以上の時間を経てもなお、葬送儀礼をはじめとする宗教世界は、中世段階の延長線上にある。

本末制度の形成

中世において、国家体制の一翼を担った大寺院は、江戸幕府にとって看過できない存在であった。織田信長《おだのぶなが》の延暦寺《えんりやくじ》攻めや、本願寺《ほんがんじ》教団との長期戦争を考えれば、脅威の度合いがわかる。こうした仏教勢力がとるに足らない存在であれば、信長であってもあえて交戦を挑むようなことはあるまい。時代が中世から近世へと移り変わろうとしている時期に至ってもなお、大寺院は強大な経済力と軍事力を有している。

そのような仏教勢力をどのようにして江戸幕府の管理下におくのか。また、宗派性すら確立されていない個別の末端寺院や僧侶をどのように編成するのか。全国統一を成し遂げたとはいえ、未だ戦国時代の遺風を残している幕府開幕直後の時期、幕府の首脳部にとっては大きな課題である。

こうした問題に対する幕府の姿勢は、本末関係の制度化、すなわち本末制度の整備として具体化した。本末制度は、各仏教教団に一つ、あるいは複数の大寺院を本寺《ほんじ》として定め、その下に末寺《まつじ》を編成するというピラミッド型の組織として知られている。こうすることで、幕府は本寺を通して教団全体を隅々まで監督することが可能となる。

本末制度の構築に際して、幕府が発布した法令を「寺院法度」と呼んでいる。寺院法度は、関ヶ原《せきがはら》の戦い直後から大坂の陣に至るまでの時期に有力寺院を対象とし、また同一教団に対して複数回発布されている場合もある。こうした法度を通して、江戸幕府は近世的な仏教教団の編成に努めた（圭室文雄『江戸幕府の宗教統制』）。

次に曹洞宗《そうとうしゅう》を例にして、寺院法度の内容を確認したい（一部読み下し、中村孝也『徳川家康文書の研究　上巻』）。

曹洞宗法度

一、三十年の修行成就の僧にあらずんば、法幢《ほうどう》を立つべからざる事

一、二十年の修行を遂げずんば、江湖頭《ごうこがしら》を致すべからざる事

一、寺中追放の悪比丘《あくびく》、諸山において許容あるべからざる事

一、江湖頭を致して後、五年を経ず、幷修行未熟の僧、転衣すべからざる事

一、諸末寺、本寺の法度に違背すべからざる事

右条々もし違背の輩においては、速やかに寺中追放すべきものなり

慶長十七年五月廿八日

右御朱印、下総関宿総寧寺《しもうさせきやどそうねいじ》、武州越生龍穏寺《ぶしゅうおごせりゅうおんじ》、遠州大洞院《えんしゅうだいとういん》、関東総録司《ろくし》たるによ

りこれを下さる、野州大中寺《やしゅうだいちゅうじ》へは後日これを下さる

この法度は、慶長一七（一六一二）年に下総国総寧寺・武蔵国《むさしのくに》龍穏寺・遠江国《とおとうみのくに》大洞院に向けて発布された。曹洞宗は、のちに越前国永平寺《えちぜんのくにえいへいじ》と能登国總持寺《のとのくにそうじじ》を両本山として発展するものの、この時期にはその体制が確立されていない。関東近郊に立地する有力寺院を「関東総録司」とし、その住職を幕府との連絡役に任じたうえで、この法度が手交されている。

この法度の内容を整理することで、江戸幕府が開かれた直後の時期に、幕府首脳部が志向した仏教教団の管理方針を確認していこう。

第一箇条と二箇条、そして四箇条は、曹洞宗教団内における僧侶の僧階を定めている。二箇条目に登場する「江湖」とは、年二回、一五〇日間にわたって行われる教団内の修行を指す。その首座を「江湖頭」という。江湖頭を勤めてからさらに五年の修行を経て、ようやく「転衣」が可能となる（第四箇条）。転衣とは文字通り、僧侶が着用する法衣の色が変わることで、寺請制度の確立以降は、原則的に転衣僧のみが寺請の執行を許された。すなわち、曹洞宗教団に属する僧侶は、最低でも一五年間の修行期間（これを「法臘《ほうろう》」という）を経ることで、ようやく檀家に対する強い権限をもつことができたのである。あくまでも規定上ではあるが、さらに法臘三〇年を経過した段階で、はじめて「法幢」を立て、

弟子の育成に携わることが可能となった。

第五箇条は本末規定である。中世までは、一つの教団内に複数の有力寺院が存在し、本寺から半ば独立してそれぞれの地域の寺院を統括していた。教団内に複数の小教団が包含されている。こう考えるとわかりやすい。こうした実態を解消し、幕府が望むようなピラミッド型の教団組織を構築するためには、末寺が「本寺の法度に違背す」ることが許されない。

このように、江戸幕府は教団内の僧階にまで目を配り、中世的な教団体制を再編成していった。幕府の宗教政策を末端の寺院にまで貫徹させる意図をここに垣間見ることができる。その意味で、この法度は重要な意味をもつ。一方で、『肥後藩人畜改帳』でも確認されるように、こうした動きは漸進的に進められていったことを指摘しておかねばならない。体制の構築には時間を要する。法度に記された内容と実態は、歴史上しばしば乖離をみせる。

天草・島原一揆と宗門改役の設置

江戸時代が始まって三〇年余。寺院法度の制定などによって徐々に近世的な寺院が形成されるなか、幕府はもとより仏教界にとっても大きな変化をもたらす一大事件が九州で発生した。島原《しまばら》・天草一揆《あまくさいっき》（寛永一四～一五〈一六三七～三八〉年）である。

関ヶ原の合戦以前の天草は、小西行長《こにしゆきなが》の領地であり、島原もかつては有馬晴信《ありまはるのぶ》が治めていた。両者はともに、キリシタン大名として知られており、領内には百姓から武士に至るまで、多数のキリスト教信者を抱えていた。新たな領主として天草を寺沢堅高《てらさわかたたか》、島原を松《まつ》倉勝家《くらかついえ》が領有したのちも、この地域には改宗を是としない多くのキリシタンが潜在する。領主にとっては、全国有数の難治地域であったとみるべきであろう。新たな領主となった寺沢・松倉の両氏は、禁教令の発布後、苛政をもって領内の統治を試みる。一揆はその延長線上に発生した。

これを宗教一揆としてみるのか否かについては、研究者によって意見を異にする。近世の潜伏キリシタンについて詳しい大橋幸泰によれば、幕府首脳部は、一揆がキリシタンと非キリシタンの混成部隊であったことを既知していた。それゆえに、一揆の責めをすべてキリシタンに負わせ、意図的にキリシタン一揆として処理する（同『潜伏キリシタン』）。キリシタンへの弾圧を進める幕閣は、キリシタンを悪者とし、その脅威が甚大であるという演出を施したうえで、この一揆を総括したのである。そのうえで、幕府は、キリシタンの統制とともに、こうした反抗を未然に防止する施策の重要性を再認識したに違いない。

一揆の鎮圧から二年後の寛永一七年、幕府は宗門改役《しゅうもんあらためやく》を設置した。キリシタンの統制を主務とする専門部署である。そもそも幕府は、キリシタンに対して弾圧的な施策でこれを排除しようとしたものの、結果として島原・天草一揆を未然に防止することができなかった。近年の研究成果によれば、絵踏は九州や会津などの一部地域のみで行われており、全国的な規模でのキリシタン取り締まりに利用されたわけではない（安高啓明『絵踏を踏んだキリシタン』）。その役割を担ったのは、宗門改役である。

初代の宗門改役に任じられたのは、井上政重《いのうえまさしげ》である。遠藤周作の文学作品『沈黙』では、もとキリシタンという設定で登場している。井上は、寛永九年から大目付《おおめつけ》（設置当初は「惣目付」）として活動しており、各地の大名や朝廷の監督を担っていた。宗門改役は大目付との兼務ということになる。このことの意味は、決して小さくない。

近世前期、大名の改易《かいえき》や移封《いほう》が繰り返されるなか、大目付は各大名の治世に目を光らせ、その内情を精査する役務にあった。それぞれの大名について、統治実態や内政の実情にも精通する役職である。この点を考慮すると、キリシタンの統制という幕府の方針を全国の隅々にまで徹底させることができる人物として、井上政重が選任されたと考えるべきであろう。

井上政重は、幕府の大目付兼宗門改役として、キリシタンと如何に対峙したのか。圭室文雄の研究から、岡山藩の事例を確認してみよう（同『葬式と檀家』）。

正保元（一六四四）年、岡山藩では、キリシタン医師の治庵と同じくキリシタンで船大工の左衛門に対する処置をめぐって方針が揺れていた。両名は詮議の末、拷問死に至った。井上政重は、その経緯を詳細に報告させるべく、藩主の池田光政《いけだみつまさ》に書状をもって問いただしている。幕府としては、キリシタンとして発覚した人物に関し、即刻死罪を申しつけるという方針ではなかったらしい。岡山藩の対応に対する政重の書状は批判的であった。

こうした書状のやりとりは、各藩との間でなされていたと考えてよいだろう。相手が大目付を兼務する幕府役人だけに、藩主や藩の役人としても、その場限りの対応では済まされなかったに違いない。その意味において、井上政重が果たした役割は、幕府のキリシタン対策を考えるうえで重要である。

寺檀制度

宗門改役の設置によって、キリシタンに対する江戸幕府の追及は、格段に強化された。これと並行して、幕府は人々をキリスト教から切り離す施策を用意する。「寺檀制度」がそれである。

前述したように、中世における寺院と檀家との関係は、檀越と呼ばれる上級武士や大商人、あるいは貴族など特定の後援者が寺院を経済的に支えていた。こうした支援は、恣意的な厚志であり、両者は私的に結びついていたに過ぎない。後援者が戦などを通じて没落すれば、寺院もまた同様の運命をたどることとなる。また、このような関係は、中世社会に普遍的にみられるものではなく、一部の有力者と寺院との間で取り結ばれていた。言い換えれば、右記以外の人々にとって、寺院は身近な存在ではない。

一方で、江戸幕府が構築を進めた寺檀の関係は、公的・制度的側面を有している。キリシタンではないことを証明するために、人々はこの枠組みへの参加が強制されたともいえるだろう。寺檀関係の制度化、といえばわかりやすい。あえてこの枠組みから外れようとすれば、キリシタンに認定されてしまう可能性を生じさせる。

寺檀制度は、日本列島に暮らすすべての人々を対象として運用されることを前提としていた。武士や百姓はもとより、将軍や天皇までがこれに含まれている。こうした点からも、この制度が近世社会を規定する一つの重要な枠組みであったことを改めて注視する必要がある。

寺請の開始

宗門改役の設置や島原・天草一揆とほぼ同時期に寺請が開始された。現在までのところ、その初見は寛永年間（一六二四～四四）である（圭室文雄『日本仏教史　近世』）。寺請が安定的に運用され、全国規模で執行されるようになるためには、さらに時間の経過を要した。この間、各地に寺院が陸続と建立され、寺請に必要な数的需要を満たすこととなる。

先述の通り、寺請とは、寺院の僧侶が当該人物を非キリシタンであると認定する行為を指す。この実態は、寺請にあたって作成される文書、すなわち寺請証文に象徴的にみることができる。ここで、一般的な寺請証文を提示しておこう（一部読み下し、群馬県立文書館寄託真下家文書）。

寺請証文之事

一、栄町半兵衛娘、代々天台宗にて、当寺旦那ニ紛れ御座なく候、若《も》し御制禁之きりしたん怪者と申し出る者これあり候ハヽ、何方迄も拙寺罷《まか》り出で、急度《きっと》申し訳《わ》け仕るべく候、後日のため、証文件の如し

沼田新田町《ぬまたしんでんまち》
安楽寺《あんらくじ》　㊞

元文五年申四月十一日

森下町《もりしたまち》名主《なぬし》　源右衛門殿

これは、近世中期の元文五（一七四〇）年に現在の群馬県沼田市で作成された文書である。寺請が各地で安定的に運用されるようになった一七世紀末以降、形式や文言に相異はあるものの、ここにあげた寺請証文とほぼ同内容で作成されている。寺請が全国規模で実施されたことの証左である。

この文書の内容を以下のようにまとめておこう。

①栄町半兵衛の娘について、天台宗安楽寺の檀家であることを証明する。

②この娘について、キリシタンの嫌疑がかけられた場合には、安楽寺住職が自らの檀家、

つまり仏教徒であることを証明する。
③宛先は森下町の名主である。
内容として注目すべきは、②の内容であろう。右の証文に記された半兵衛の娘について、身分保障の役割を安楽寺の住職が担っている点である。この娘にキリシタンであるとの疑いが生じた場合には、証文を記した安楽寺の住職が申し開きをすることを約束している。裏を返せば、寺請証文の作成が、寺院住職の檀家に対する強い権限として作用する可能性をもっていた。

また、③の内容からは、非キリシタンであることの証明に町名主が関与していることがわかる。この意味を考えてみたい。各町村の名主は、町政や村政を司る役目を果たしつつ、幕府や藩などの役所と町村の利害を調整する立場にあった。キリシタンの存在は、寺院の住職のみならず、名主らにとっても看過できない問題であったと考えられるだろう。

この点について、江戸幕府が発布した法令をまとめた『御触書寛保集成《おふれがきかんぽうしゅうせい》』から関連する史料をみてみよう（一部読み下し）。

一、町人百姓五人組を定め、庄屋、町年寄《まちどしより》油断なくこれを改め候様に、領分堅く申し付けらるべく候、自今以後、他所よりあらはれこれを捕えるにおいてハ、其の所之庄屋、町年寄手前穿鑿《せんさく》を遂げ、油断仕らず相改める儀紛れなく候ハヽ、科之軽重に

したかひ、曲事行われるべき之事

右の法令は、寺請の執行体制がまさに整備されつつある寛文元（一六六一）年に発布されている。その内容は、キリシタンについて油断なく監視するように庄屋・町年寄に求めるものであった。これを怠った場合には、庄屋や町年寄を処分するとしている。キリシタンの摘発に町村役人が責任を負うことが明記されたのである。こうした取り締まりは、幕藩権力や寺院の住職のみがその責務を担うのではなく、町村行政を巻き込んだ大事として提起されたといえるだろう。

各町村に潜伏しているキリシタンの存在は、寺院と町村にとっても大問題である。キリスト教を信じる者を中心として、同心円状にその周辺にいる人々にまで影響を及ぼしかねない。寺院の住職が寺請を担いつつ、その手続きや実効性に町村役人が共同で責任を負う。先ほど示した寺請証文は、こうした実態を反映させている。

「宗門改帳」から「宗門人別改帳」へ

ここまでに確認したように、寺請の実施は、寺院の僧侶をして、禁制となった諸宗派の排除を企図する幕藩権力の行政的権限を委譲される存在とした。各寺の僧侶は、近世社会に欠くことができない構成要素として認識されるようになる。こうした実態は、信仰によって檀家と寺院が取り結ばれたのではなく、幕藩権力による政策の一環として構築された側面を浮き彫りにする。

ただし、島原・天草一揆を鎮定して以降、キリシタンの存在が幕藩体制にとって大きな脅威ではなくなった事実も見逃すことはできない。時間軸的な整理をすると、この一揆が鎮圧されたのちに、寺請が制度的に強化され、整備されていくことになる。この流れはいかにも不自然ではないだろうか。こうした疑問点に一つの回答を与えてくれるのが、「宗《しゅう》門人別《もんにんべつ》改《あらため》帳《ちょう》」である。

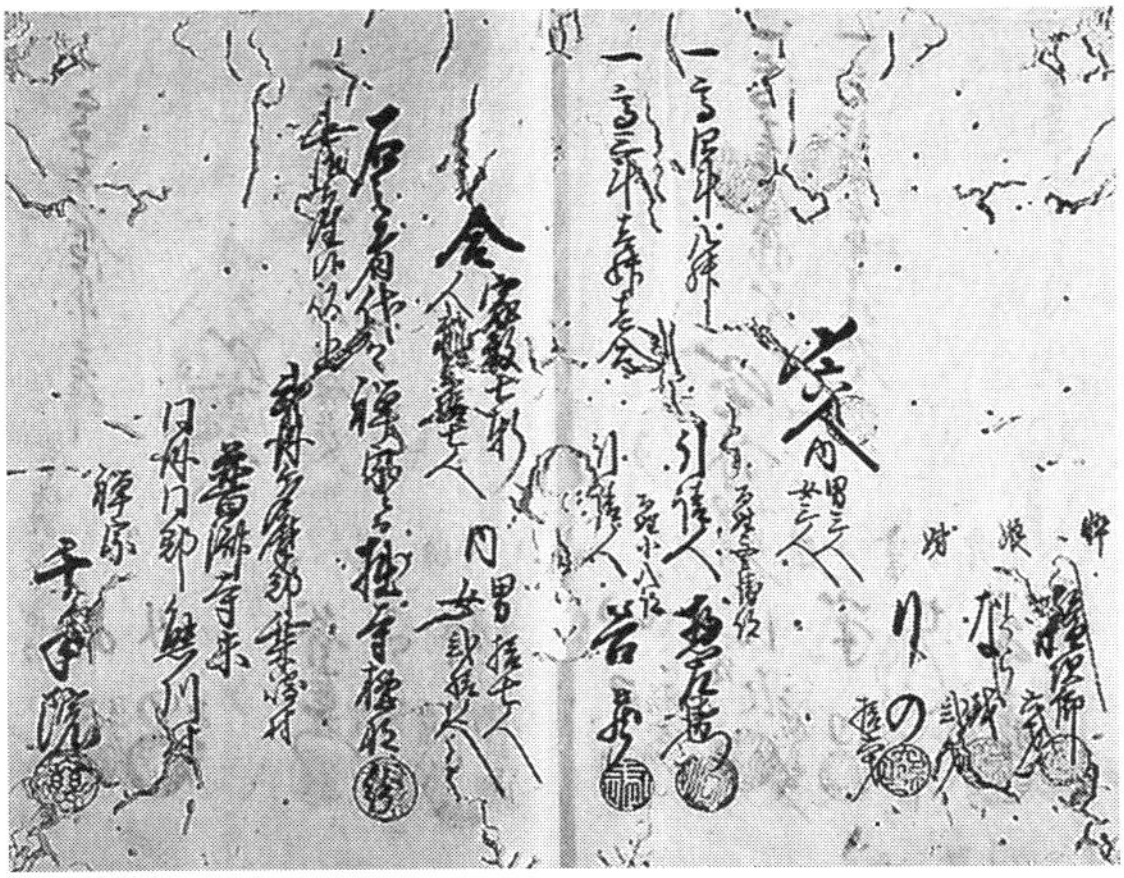

図１　熊川村宗門人別改帳（個人蔵，福生市郷土資料室提供）

僧侶が寺請を開始し、寺請証文を作成するようになってから、各寺院の住職は自身の檀家について、記録となる帳面を残すようになった。小家族ごとにまとめられたこの帳面は、一般に「宗門改帳」と呼ばれている。他方で、幕府や各藩は、これとは別に町村に対して戸籍としての機能をもつ「五人組帳」や「人別帳」を作成させていたのである。

ここで時計の針を戦国時代に戻したい。各地で勢力を誇った戦国大名は、各町村からの動員を前提とする戦に備えて、平時から人的な把握をする必要に迫られていた。こうした背景のもとに作成された文書では、有事に際しての速やかな動員を可能とするため、徴発に耐えうる者とそうでない者を別記していた。牛馬に関する記載があるのも、領内の土木工事や軍事に利用することを想定していたと考えられている（大石慎三郎「江戸時代の戸籍について」）。近世における「人別帳」は、この延長線上に作成されたと考えられる。先に検討対象とした『肥後藩人畜改帳』は、これに類する文書であるといえるだろう。

このように、「宗門改帳」と「人別帳」は、歴史上の系譜が異なっているものの、ともに重複する内容を含んでいた。この両者を統合したのが、「宗門人別改帳」である。大石慎三郎の研究によれば、「宗門人別改帳」が作成されるようになるのは、元禄年間（一六八八～一七〇四）のこととされる。

こうした点を加味すると、近世を通じて「宗門人別改帳」が作成され続けた理由がみえてくる。この台帳は、禁制諸宗派を取り締まるために作成されたのと同時に、人身把握の側面をもっている。キリシタンが脅威であった時期には前者に主眼がおかれ、それ以降は後者を主たる理由として作成されたと考えてよい。そして、後者の時期にあっても、この台帳が「人別帳」のみならず「宗門改」の性格を失わなかったゆえに、僧侶がこれに関与し続けたといえるだろう。

宗門人別改帳の内容

ここで、一般的な「宗門人別改帳」の内容を確認しておきたい（一部読み下し、『大間々町誌　別巻二　近世資料編』）。次に提示するのは、上野国の事例である。

「寛政四年　上野国《こうずけのくに》山田《やま だ》郡《ぐん》塩原村《しおばらむら》
子ノ三月　宗旨人別御改帳」

禅宗　松源寺《しょうげんじ》旦那
家主　小平太　㊞　年四拾八才
女房　い　そ　年三拾九才
悴　松郎治　年拾六才
娘　し　な　年拾四才
男子　岩　吉　年五才
男子　亀　吉　年弐才
〆六人　内弐人女　馬壱疋
（中略）
宗門御改ニ付印形之事
一、右書面之人数、何れも宗旨代々禅宗当寺旦那ニ紛れ御座なく候、若し御法度之宗門之由、脇より訴人御座候ハヽ、拙寺何方迄も罷り出で、急度申し訳《わ》け仕るべく候、後日の為、宗旨印形差し上げ申し候、仍って件の如し

寛政四年子ノ三月

上州《じょうしゅう》山田郡膳村《ぜんむらり》龍源寺《ゅうげんじ》末

同国山田郡塩原村　松源寺

組　頭　小平太

（以下略）

寛政四（一七九二）年に作成されたこの「宗旨人別御改帳」には、計六名の名が登場する。それに加えて、「馬壱疋」との記載がある（傍線部）。馬に信仰は関係ない。単純にキリシタンを取り締まるための帳面であれば、この記載は不要である。また、時代も近世後期にさしかかろうとするこの時期に、戦国時代と同様の軍事的な必要性を認めることは不適当である。ここに登場する「小平太」以下の人物について、非キリシタンであることを確認しつつ、労働力把握のために作成された台帳であるがゆえの記載内容といえるだろう。

ここまでみてきたように、キリシタンに対する脅威は、時間的な経過とともに薄れつつあった。他面において、一揆など徒党を組んで幕府や領主に敵対しようとする人々の脅威は、近世中期以降からその度合いを増している。また、キリシタンに対する監視の目が緩

められたというわけではない。キリシタンを取り締まるための「宗門改帳」と人身把握のための「人別帳」が統合され、それが近世を通じて作成され続けた理由は、こうした実情に起因している。

ここまでに、従来積み重ねられてきた研究の成果をふまえて、近世における寺院の存在理由を概説してきた。寺院の寺僧は、幕藩権力が貫徹しようとした寺檀制度にもとづいて寺請を行使し、「宗門人別改帳」の作成に関与することによって、檀家となった人々に対する優位性を確保することとなる。

果たして、これがこの時代における寺院の全容なのであろうか。

寺檀制度の外側

寺檀制度と寺格―新義真言宗の事例

次の表2をみていただきたい。同表は、延宝三（一六七五）年に作成された「本末帳」に依拠して、櫛田良洪が作成したものを原表としており、寺檀制度が整備されつつある時期の関東各国における新《しん》義《ぎ》真言宗《しんごんしゅう》寺院の分布を示している。一七世紀後半の寺院展開を知るうえで、この年に作成された「本末帳」は良質な情報を提供している。

この表の具体的な分析を進める前に、まずは真言宗教団の歴史について概説しておこう。空海《くうかい》によって開教された真言宗は、その死後に分派を繰り返して今日に至っている。近世には大まかに、金剛峯寺《こんごうぶじ》や教王護国寺《きょうおうごこくじ》を中心とする古義《こぎ》真言宗と、智積院《ちしゃくいん》や長谷寺《はせでら》などを中心とする新義真言宗に区別される。

表2　関東各国における新義真言宗寺院の分布（延宝3年）

	武蔵国	上野国	下野国	上総国	安房国	合　計
本　寺	220	73	64	24	8	389
末　寺	258	135	193	35	3	624
又末寺	0	11	51	0	0	62
門　徒	2064	201	583	483	182	3513
又門徒	565	80	427	109	60	1241
合　計	3107	500	1318	651	253	5829

（註）櫛田良洪『真言密教成立過程の研究』山喜房，1964年，1011頁より作成．

近世に編纂された各地域の地誌を分析した村田安穂の研究によれば、関東地方に建立された寺院のうち、その数が多いのは、上位から新義・古義真言宗、曹洞宗、天台宗となっていた（同『神仏分離の地方的展開』）。地域的な偏差が存在するものの、真言宗はこの地域において優位に寺院建立を進めていたといえるだろう。

こうした整理をふまえたうえで、改めて表2を確認することとしよう。この表には、関東各国における新義真言宗の寺院数が掲載されるとともに、「本寺」「末寺」「又末寺」「門徒」「又門徒」という寺院分類が登場する。ここでいう「末寺」とは、「本寺」に対して一般的に使用されている「末寺」のことではない。また、「門徒」に関しても同様である。それでは、この「末寺」や「門徒」とは、具体的に何を指しているのであろうか。この点について、表2の原表を作成した櫛田良洪に解説を求めることとしよう（同『真言密教成立過程の研究』）。

末寺には一（ママ）の特権があった。（中略）門徒寺では弟子をとっても剃髪《ていはつ》の作法が出来ないが、末寺になると始（ママ）めてこれが出来た。加行《けぎょう》や護摩《ごま》の修法《しゅほう》も末寺でなければ出来なかった。殊《こと》に門徒では檀家の引導も許されなかったが、末寺になると引導を渡す事ができた（中略）。（門徒では）檀家の引導も出来ない事になり、葬式も本寺か最寄りの寺院へ頼まねばならなかった

この記述は、「末寺」と「門徒」に関する異同を明快に説明している。同じ寺院であっても、「末寺」と「門徒」では大きな隔たりがあることに気づくだろう。寺院を区分するこうした差異は、通常「寺格」という言葉で説明されている。

寺格に関して重要なのは、櫛田が「引導」という言葉で説明している箇所である。引導とは、簡潔にいえば僧侶が葬祭儀礼を執行することである。近世では、葬祭を執行してもらう寺院の住職に寺請を依頼することが通常であり、「門徒」の住職にはこれが原則として許されていない。このように整理されるだろう。新義真言宗教団を例にとれば、「末寺」と「門徒」という異なる寺格をもった寺院を同列に扱うことはできないということになる。

以上の点を確認すると、表2にみえる寺格の寺院のうち、「本寺」「末寺」「又末寺」の

住職には、寺請の執行権限が付与されている。いわば、寺請制度に合致した寺院として分類される。一方で、「門徒」「又門徒」の住職は、原則として単独で寺請を執行することができず、必要な場合には「末寺」などの住職にこれを依頼することが求められていた。

これまでの近世宗教史研究上では、寺請の権限を付与された住職によって営まれる寺院を葬祭寺院、そうでないものを祈禱寺院と呼称してきた。この分類によれば、新義真言宗教団では、「本寺」「末寺」「又末寺」が葬祭寺院、「門徒」「又門徒」が祈禱寺院に区分される。寺請の執行という観点からみれば、この時代の寺院住職すべてがその権限を有していたわけではない。

葬祭寺院と祈禱寺院

こうした点をふまえるならば、私たちは寺請に関する事柄に関して、大きな誤解をしているのではないだろうか。高等学校で使用されている日本史の教科書からこの点を確認してみよう（山川出版社『詳説日本史探究』）。

幕府は島原の乱後、キリスト教徒を根絶するため、特に信者の多い九州北部などで島原の乱以前から実施されていた絵踏を強化し、また、寺院が檀家であることを証明する寺請制度を設けて宗門改めを実施した。

この記述は、近世の僧侶が寺請に関与している様子を簡潔に説明している。中学校や高等学校で使用される教科書の内容は、現在の歴史学界で共有されている理解を踏襲して執筆され、内容が誤っているわけではない。ただし、先ほども新義真言宗教団を事例として確認したように、この時代の寺院には寺格が存在し、その寺格によって住職が行使できる権限に大きな差異が生じていた。教科書の記述からは、そうした実態を読み取ることができない。そして、日本史の教科書におけるこのような記述の枠組みは、少なくとも過去数十年変わりがない。

「門徒」の寺格をもつ寺院が、この時代において少数かつ例外的な存在であり、寺院住職の大多数が寺請をすることができるのであれば、教科書中にある「寺院が檀家であることを証明する寺請制度を設けて宗門改めを実施した」という記述は適当である。この点について、さらに掘り下げて分析することが必要である。

次に表3を提示する。関東各国における新義真言宗寺院の割合を葬祭寺院と祈禱寺院に区分して作成したものである。

まずは合計の箇所から確認する。ここに登場する五ヵ国について、全体で五八〇〇ヵ寺あまりの新義真言宗寺院が存在し、そのうち約八〇%が祈禱寺院に分類される。葬祭寺院と祈禱寺院の比は一対四である。国別にみると、上野国では両者の比率が拮抗しているものの、それ以外の国では祈禱寺院の割合が圧倒している。

安房国	合　計
11(4.3%) 242(95.7%)	1075(18.4%) 4754(81.6%)
253	5829(100%)

表3　東各国の新義真言宗における葬祭・祈禱寺院数および割合

	武蔵国	上野国	下野国	上総国
葬祭寺院	478(15.4%)	219(43.8%)	308(23.4%)	59(9.1%)
祈禱寺院	2629(84.6%)	281(56.2%)	1010(76.6%)	592(90.9%)
合　計	3107	500	1318	651

(註1) 櫛田良洪『真言密教成立過程の研究』山喜房, 1964年, 1011頁より作成.
(註2) 括弧内の数値は各国の全寺院数に占める割合を示す.

最も多くの寺院をかかえる武蔵国では、八五%程度の寺院が祈禱寺院で占められており、上総《かずさ》・安房《あわ》両国ではその割合が九〇%台となっている。

いかがであろうか。関東における新義真言宗教団を例にすれば、寺請や葬祭を執行することができる住職によって営まれる寺院が例外的であり、祈禱寺院が全体の多数を占めていることがわかる。関東において、常陸国《ひたちのくに》と相模国《さがみのくに》の実態が不明であるが、他の五ヵ国と比べて大きな相異があるとは考えにくい。同様の傾向にあると推測されるだろう。

江戸幕府が寺檀制度を構築したことで、住職には寺請の権限が付与された、という説明は、妥当だろうか。少なくとも、この地域の新義真言宗寺院は、すべてが該当するとはいえそうにない。

ここでさらにほかの事例も検討してみたい。

寺檀制度と寺格
―曹洞宗の事例

新義真言宗の場合には、空海以降、伝統的に密教的な術法を取り入れることに熱心であり、「東密《とうみつ》」(教王護国寺の別称である「東寺《とうじ》」を中心とした密教《みつきょう》の意)

という用語も広く知られている。言い換えれば、同宗の僧侶が加持・祈禱を中心とした密教主義を基調とする宗教活動を展開していたゆえに、葬祭には不熱心であり、結果として祈禱寺院が教団内の多数派を占めるに至った、と理解することも可能である。

また、先の表2のもととなった史料は、寺檀制度が整備される途上段階にあり、そののち葬祭寺院が増加するということも想像されよう。こうした点に鑑みれば、寺檀制度下において、どのような寺格の寺院が、どのような時間的経緯をもって建立されたのかという点について、他宗派を含めた事例を検討する必要がある。

そこで、次に曹洞宗寺院の実態について確認していくこととしよう。曹洞宗は、開祖道《どう》元《げん》による「只管打坐《しかんたざ》」の教えで知られている。坐禅《ざぜん》を中心として、日常生活のすべてを修行と捉え、自ら悟りを得ることがその特質である。

他方で、同教団が教勢を拡大したのは、瑩山《けいざん》・峨山《がさん》といった道元の後継者が積極的に葬祭や祈禱に関与していったことに起因している。この意味において、曹洞宗寺院は、浄土真宗や浄土宗などとともに、葬祭への関与を梃子として寺檀制度に適応した（圭室文雄『日本仏教史　近世』）。真言宗教団とは異なり、葬祭や寺請に積極的に関与することで、教勢の拡大を図ったとされる曹洞宗教団。その実像について、分析を試みたい。

ここで課題となるのが、近世初期における史料の残存実態である。この時期の史料は、近世中期以降に比べて相対的に少ない。どのような条件下で、どのような寺格の寺院が建立されていったのか、という知見を史料上から得ることは難しい現状にある。こうした史料的制約を克服するため、次に検討するのが蝦夷地《えぞち》である。

近世の蝦夷地は、時代的な曲折があるものの、現在の北海道のうち、おおむね松前藩《まつまえはん》が支配する和人地を除いた地域を指す。蝦夷地は、松前藩が許可した例外を除いて、本州以南からの人的往来が制限されていた。近世後期にこの地が幕領化されたことが契機となり、幕命によって蝦夷三官寺《えぞさんかんじ》が建立されるものの、原則として、本州以南の地から多数の人々が恒久的に移住することを想定していない（海保嶺夫『エゾの歴史』）。つまり、近世の蝦夷地は、寺請を前提とした寺院の建立が進んでいない地域であるといえる。

こうした実態は、次の表4からも確認することができる。これは、近世の蝦夷地に建立された曹洞宗寺院数とその寺格を五〇年刻みで示したものである。ここに登場する「平《ひら》末《まつ》」は、別称を平僧地《へいそうじ》といい、曹洞宗教団内の寺格を指している。ここには、寺請を執行することができない住職（これを「平僧」という）がおかれている（横関了胤『江戸時代洞門政要』）。新義真言宗でいえば、「門徒」や「又門徒」に相当し、先述の分類によれば祈禱寺院に区分することができる。それとは反対に、葬祭や寺請の執行が可能な住職によって営まれる寺院を「法地《ほうち》」といい、こちらは葬祭寺院に該当する。

表4　「平末」寺院開創年代

年　代	「平末」寺院数(a)	全寺院数(b)	(a)/(b)［%］	備　考
1601～1650	0	0	—	
1651～1700	1	1	100	
1701～1750	11	12	91.7	再興1を含む
1751～1800	12	12	100	
1801～1850	1	1	100	
1851～1870	9	20	45	
（不記）	1	1	100	
合　計	35	47	74.4	

（註1）能登總持寺祖院文書「寺院本末帳57」より作成.
（註2）小数点以下第2位四捨五入.

この表4をみると、一六〇一～一八五〇年の二五〇年間に建立された曹洞宗寺院全二六ヵ寺のうち、二五ヵ寺までが平末寺院である。本州以南からの定住者が原則として想定されないため、寺請を前提とした寺院建立の必要性がないことがその理由だろう。寺請の必要がなければ、それに合致した寺格の寺院を建立する必要がないのである。こうした実情は、本州以南の地における寺請開始前の状況に酷似していると想像されよう（拙稿「幕末維新期の蝦夷地における曹洞宗寺院の新寺建立」）。

こうした環境は、こののち激変する。表4を改めて確認すると、一八五一年からの二〇年間に建立される寺院数が急増しており、かつその過半数以上は平末寺院ではない。次の史料をみてみよう（一部読み下し、能登總持寺祖院文書）。

恐れ乍《なが》ら書き付けを以って御願い奉り候

一、近年御公儀において、蝦夷地御開発遊ばさるニ付、外宗門《ほかしゅうもん》より追々願い出で、彼地へ住居仰せ付けられ候趣、承りおよび候、（中略）これにより、何卒格別之御慈悲を以って、御本山より御推挙を以って御公儀《こうぎ》へ御願いくだされ、拙僧志願之通り、仰せ付けられ下し置かれ候様、偏えニ願い上げ奉り候、以上

羽州山形四嶋代
光禅寺《こうぜんじ》　㊞

安政六己未年十二月

能州《のうしゅう》御本山御役局中

安政六（一八五九）年作成の同史料には、蝦夷地が「公儀」、すなわち幕府によって「開発」されつつあり、多数の僧侶が同地に赴いている様子が記されている。こうした状況変化の原因は、時期を考慮すると、ペリー来航による箱館《はこだて》開港以外には考えられない。

嘉永七（一八五四）年に日米和親条約が締結され、下田《しもだ》とともに箱館が開港されると、箱館周辺の地域は、外交および通商の要衝としてにわかに注目されるようになる。そうした経緯から、本州以南の地域から大量の人々が流れ込んだのである。そこには、蝦夷地への恒久的な移住を願った人々も多数含まれていたことだろう。こうした状況の変化に伴って、蝦夷地でも寺請の執行が可能な僧侶が求められ、その結果、祈禱寺院（史料中では「平末」）ではなく、葬祭寺院の建立が進められたと考えられる。

蝦夷地における寺院の「近世化」は、幕末に本格化したといっても過言ではない。祈禱寺院の建立が先行し、寺請が必要となった段階で、それに適用した寺院を建立する。こうした状況は、一六〇〇年代中頃の本州以南の地における寺檀制度確立過程に重ね合わせることが可能であろう。

信濃国における平僧地と法地

次に表5を用意した。天保一二（一八四一）年に作成された史料をもとにして、信濃国《しなののくに》における曹洞宗寺院を郡別に示したものである。同表の「平僧地」とは、先述の通り、寺請を執行することができない住職によって営まれる祈禱寺院を指す。葬祭寺院に該当する寺院が「法地」である。

表5を用いて、今度は近世後期における曹洞宗教団の寺院展開について、寺格の観点から分析していくこととしよう。信濃国に展開する曹洞宗寺院は、全体で五五〇ヵ寺が確認される。このうち「朱印地《しゅいんち》」を有するのは全体の一割未満である。朱印地とは、江戸幕府が寺院経営を支援するために与えた寺領のことで、これを有する寺院は、近世初期段階にあって、すでに建立から相当の年月を経ているものと判断される。その割合が低率にとどまっていることを考慮すると、曹洞宗の場合にも、寺請が執行されるようになってから寺院の建立が進められたといえるだろう。

さて、ここで本題となる寺格の検討に移ろう。信濃国全体を概観すると、平僧地、すな

表5　信濃国曹洞宗寺院の概観（天保12年）

郡　名	寺院数［A］	朱印地持［B］	朱印地持割合［B］/［A］	平僧地数［C］	平僧地割合［C］/［A］
埴科郡	28	4	14.3%	0	0.0%
高井郡	69	2	2.9%	2	2.9%
水内郡	81	6	7.4%	7	8.6%
佐久郡	69	9	13.0%	7	10.1%
更級郡	40	5	12.5%	5	12.5%
諏訪郡	13	0	0.0%	2	15.4%
筑摩郡	55	4	7.3%	10	18.2%
小県郡	53	1	1.9%	11	20.8%
安曇郡	39	5	12.8%	16	41.0%
伊那郡	103	8	7.8%	46	44.7%
合　計	550	44	8.0%	106	19.3%

（註）雙林寺文書「信濃国末派附金」（同寺目録「信濃国31」）より作成.

わち祈禱寺院の割合は、約二〇％となっている。新義真言宗寺院と比較すれば、この割合は確かに小さい。また、ここにみえる一〇郡のうち、七郡では平僧地の割合が二〇％に満たない。こうした点において、新義真言宗とは大きく異なっている。ただし、安曇郡《あずみぐん》と伊那郡《いなぐん》では、その割合が四〇％強となっており、他郡と比べて地域的な偏在が目立つ。寺格を基準として郡別にみた場合、このような数値的偏差は、どのように解釈すればよいのだろうか。

安曇郡と伊那郡で平僧地寺院の割合が特段に高率となる理由は見当たらない。埴科郡《はにしなぐん》で法地寺院のみが展開した理由もまた同様であろう。ここからは、表5のもととなった史料の特性を考慮する必要性が浮上する。つまり、

表6　信濃国の平僧地住持年齢（文政5年）

	寺院名	所在地	住持年齢
1	正念寺	伊那郡吉田村	43
2	圓光寺	伊那郡中沢村	40
3	守慶寺	伊那郡北大出村	50
4	寶蔵寺	伊那郡賣木村	40
5	長松寺	伊那郡向方村	48
6	松福寺	伊那郡月島村	45
7	長福寺	伊那郡松崎村	47
8	寶久寺	伊那郡鹿塩村	55
9	醫泉寺	伊那郡小川村	40
10	清水寺	伊那郡中坪村	48
11	真宗寺	伊那郡八手村	53
12	常光寺	伊那郡野口村	50
13	金長院	更級郡新山村	45
14	常慶寺	更級郡代村	45
15	西蓮寺	更級郡小松尾村	55
平均年齢			46.9

（註）雙林寺文書「信濃国人数改帳」（同寺目録「信濃国49」）より作成.

同史料における数値上の偏差は、史料上の限界である可能性が推測されるのである。特定の郡に平僧地が存在しないのでなく、平僧地の割合が低率となっている郡では、この史料の作成にあたり、寺院の寺格を区別しないままその作業を進めたものと考えられる。こうした推測が正しければ、いずれの郡においても一定の平僧地、すなわち祈禱寺院が存在したことになる。

さて、これら平僧地の寺院は、どのような住職によって経営されていたのであろうか。表6は、平僧地の住職となっている僧侶の年齢を示したものである。住職の年齢が判明する一五ヵ寺の住職のうち、最高齢は五五歳、最年少は四〇歳でそれぞれ二名ずつ確認される。平均年齢は約四七歳である。

前述のように、曹洞宗では修業年数によって僧階が定められており、仮に一五歳で修行を開始したとして、法地の寺格をもつ寺院の住職には四〇歳前後で就任することができる。この間は、修行中の平僧として、法地寺院、すなわち葬祭寺院で住職を補佐するか、平僧地のような祈禱寺院の住職となった。表6から、五〇代半ばまでこの身分でいることを考えると、生涯を通して平僧のままでいる僧侶が一定数存在することを推測させる。

名目上は、法地寺院の住職が葬祭や寺請の執行をしつつ、実質的には平僧にそれを委ねる場合もあっただろう。ただし、葬祭や寺請の執行に適合的であったとされる曹洞宗であっても、相当数の祈禱寺院が存在し、一生を平僧のまま過ごす僧侶の存在が推認される点は重要である。

近世という時代を特徴づける制度の一つ、寺檀制度の枠組みから外れ、その外側に広がる寺院と僧侶。こうした存在は、決して例外的ではない。これが近世寺院の実像である。

江戸時代の仏教界を理解するために

ここまでの内容を整理しておこう。密教的な教義を前面に押し出している新義真言宗教団はもとより、寺請や葬祭に適合的であったとされる曹洞宗教団においても、一定数の祈禱寺院を抱えていた。すべての僧侶が寺請を執行し、すべての寺院がそうした住職によって経営されていたわけではない。浄土宗や浄土真宗などの他宗派についても、一定程度の祈禱寺院を抱えていたものと考えるのが適当であろう。

従前の研究では、寺請にもとづく寺檀制度に注目し、それに適応した寺院の分析を進めてきた。言い換えるならば、近世の寺院に関して、葬祭や寺請に適合した寺院であることを前提とし、葬祭寺院と祈禱寺院とを峻別しないまま議論を積み重ねている。寺檀制度の枠組みの外にある寺院は、無意識的に視野の外におかれてきたといえるだろう。

本書の冒頭で述べたように、寺檀制度や寺請は、確かにこの時代を特徴づける鍵語の一つではある。しかしながら、ここまで確認してきたように、そうした枠組みの外側に存在する寺院も無視できないほどに広がっている。葬祭寺院とともに、祈禱寺院の存在を視野に含めなければ、この時代における寺院の全体像はみえてこない。寺檀制度の内側にある寺院とそうではない寺院をともに議論の俎上《そじょう》にのせることによって、はじめて近世の宗教世界はその実相を表出させるのである。各寺院を預かる住職たちの経営戦略を考えるにあたり、寺格の問題はその視野に含めるべき課題である。

苦しい台所事情

禁制宗派の生きる道

信仰と寺院経営

近世の寺檀《じだん》関係は、江戸幕府による施策により、半ば強制的に構築された。そこに信仰が介在する余地は小さい。もちろん仏教に対する信仰を基底として、人々が寺院の檀家《だんか》になった、という場合もあっただろう。しかし、そうした説明では、なぜ近世初期という時期に人々が一斉に仏教寺院の檀家となったのか、という問いに回答することはできない。信仰を基盤として寺檀の関係を築こうとするならば、その醸成に多くの時間を要したことだろう。寺檀制度の展開時期に、より大きな地域的偏差が生じているはずである。

本章で考えておきたいのは、寺檀制度の確立と信仰に関するこうした問題である。俯瞰的にみれば、江戸幕府が寺檀関係の制度化を企図してから、数十年でその確立をみた。多くの人々にとって、それぞれの仏教教団がもつ教義上の差異や宗派性は、大きな問題とならなかったに違いない。むしろ、各宗派の教義や信仰をひとまず脇に置いたうえで、キリシタンであると誤認されないために各地に展開した寺院の檀家となった、という方が実情に近いのではないだろうか。

一方で、寺檀制度が整備されたのちも、信仰をめぐる問題が顕在化した例も少なからず存在した。信仰や教義の問題というと、潜伏キリシタンを想像してしまうことが多いが、もちろんこれだけではない。各仏教教団にとっても、信仰の問題は時として寺院経営を大きく揺るがす場合があった。

寺請《てらうけ》の開始によって、各寺院は檀家からの安定的な収入を期待できるようになり、その経営は安定化したものと考えがちである。そうした構図は、この時代の寺院すべてに当てはまるものではない。

「かくれ信仰」

それぞれの地域権力にとって、熱心な信仰をもつ人々の存在は、領国統治の障害となる場合がある。こうした人々は、世俗的な社会的規範よりも、それぞれの教義にもとづく宗教的規範を優先することが多いからである。例えば、九州の戦国大名である相良氏《さがらし》は、その領国内において、一向宗《いっこうしゅう》（浄土真宗《じょうどしんしゅう》）門徒《もんと》を禁圧していた（安丸良夫『神々の明治維新』）。近世に入ってからも同様に、薩摩藩領では一向宗の布教活動が禁じられている。

一方で、こうした禁圧にもかかわらず、世間からかくれるようにして信仰を維持した人々が存在した。潜伏キリシタンやかくれ念仏、日蓮宗《にちれんしゅう》不受不施派《ふじゅふせは》の信者がその典型であろう。宗教史研究の分野では、こうした信仰形態を総称して、「かくれ信仰」と呼んでいる。その様子を圭室文雄は以下のように説明している（圭室文雄「近世仏教の実態」）。

> かくれキリシタン・日蓮宗不受不施派・かくれ念仏に共通することは、いずれも最初もっていた思想から離れ、むしろ「かくれ」ることに意味をもたせる信仰にかわっている点である。（中略）信者にとって危険性の裏付けが神秘的な威力を増し、さらには信仰心の固さにつながっていったようである。

幕府の追及から逃れるために生まれた「かくれ信仰」。圭室は、「信者にとってのかくれ信仰」という視点から、その様子を整理している。この視野をさらに広げ、本書の主題である寺院や僧侶を含めて分析の対象とすると、どのような寺院像がみえてくるのだろうか。信仰をめぐる問題は、信者のみならず寺院の様態や存立基盤、そして住職の経営志向にも大きな影響を与えたはずである。

こうした分析視角から、次に日蓮宗不受不施派寺院を検討対象として、寺院の存立基盤と信仰の問題を考えてみたい。

日蓮宗不受不施派の誕生

寺院経営と信仰に関する具体的な分析を進める前に、日蓮宗不受不施派についての概説をしておくことにしよう。同派の誕生は、豊臣秀吉《とよとみひでよし》の時代にさかのぼる。関東・東北の仕置《しお》きを終え、全国統一を成し遂げた秀吉は、文禄四（一五九五）年に先祖供養のため、宗派の垣根を越えた大規模な法要を計画した。いわゆる「千僧供養《せんそうくよう》」である。

各宗派が秀吉の要請に応えるなか、日蓮宗内では法要への参加をめぐって意見が対立した。その中心となったのが日奥《にちおう》である。彼は「法華《ほけ》信仰をもたない人からの布施を受け付けず（不受）、法施《ほうせ》もしない（不施）」との主張を展開した。不受不施派の誕生である。

日蓮宗内の教義に関する意見対立は、その後も解消されないまま推移する。江戸幕府が開かれたのち、寛永三（一六二六）年に二代将軍徳川秀忠《とくがわひでただ》夫人（「江《ごう》」の名で知られる）の葬儀を執行する際にも、それへの参加をめぐって論議が紛糾した。

こうした経緯を経て、幕府は受不施を主張する身延久遠寺《みのぶくおんじ》の日暹《にっせん》と不受不施の立場に立つ池上本門寺《いけがみほんもんじ》の日樹《にちじゅ》を江戸城内で対論させる。のちに「身池対論《しんちたいろん》」と呼ばれるようになる宗論である。裁定に敗れた日樹ら不受不施派七名の僧侶は、流罪に処せられた。この教義が、反幕府的であると判断された結果である。

寛文五（一六六五）年、今度は不受不施派内部でも対立が生じる。きっかけは、寺院に対する朱印地《しゅいんち》の再交付である。朱印地の下付は、先述の通り、寺院に対する幕府の経済的支援である。このとき幕府は、これを「供養」として受領する旨の印形《いんぎょう》を提出するように各宗派に求めた。印形の提出は、幕府の経済的保護を認めることとなる。その受諾を是としない一派が不受不施派から分立し、非田《ひでん》不受不施派が誕生した。

分派した非田不受不施派は、小湊誕生寺《こみなとたんじょうじ》の住職などを中心とし、幕府から下賜される朱印地は、「非田」、すなわち「不受」に当たらないとの論理を用いて、印形提出に応じた。幕府への印形提出を拒否した一派は、これ以降禁制の対象となり、寛文九年には、寺請の禁止が布達された。「非田不受不施」は元禄四（一六九一）年まで幕府公認の不受不施として存続し、それ以降はやはり禁制の対象となる。

このように、日蓮宗不受不施派は、教義に対する根源的な解釈の相異から誕生した。時の権力との距離感をめぐる内紛と言い換えてもよい。不受不施派の教義と信仰は、寛文の惣滅、元禄の法難など、度重なる禁制の強化・弾圧によって、表向きでは存在を否定され、幕府公認の受不施派に転派したり、他宗派への改宗を余儀なくされるのである。

本土寺と不受不施派

「あじさい寺」として、地域の人々から親しまれている千葉県松戸《まつど》市の本《ほん》土寺《どじ》。同寺は近世の初期、下総国《しもうさのくに》を中心とする日蓮宗不受不施派の拠点としても知られていた。中世からすでに教勢を拡大し、日蓮宗寺院として

図２　本土寺（千葉県松戸市）

確固たる地位を築いていた本土寺は、配下寺院とともに、この教義に大きく揺さぶられることになる。

寛永七（一六三〇）年、当時本土寺の住職であった日弘《にっこう》は、「身池対論」の裁定をうけて、伊豆国戸田《いずのくにへだ》へ流罪となる。伊豆は、古代より流刑の地として知られ、日蓮が流罪となった因縁の地でもある。さらに寛文五（一六六五）年には、同寺住職の日述《にちじゅつ》が、先述の朱印地再交付に際して印形提出を拒んだことから、野呂檀林日講《のろだんりんにっこう》・玉造檀林日浣《たまつくりだんりんにっかん》らとともに流罪に処せられた。このとき、日述を支持する信者が与同し、徒党を組んでその流罪を阻止しようとする動きがみられたという（宮崎英修『禁制不受不施派の研究』）。幕府からみれば、各寺院の住職のみならず、信者までもが反抗的な存在として映ったことだろう。

度重なる弾圧と、それに徒党を組んで抵抗しようとする信者の存在。特に後者は、日弘・日述といった僧侶のみならず、信者の側にも不受不施の教義が広く浸透していた様子をうかがわせる。本土寺住職の配流という大きな事件の余波が残るなか、この直後に本土寺に宛てられた五ヵ条の掟書が残されている（一部読み下し、『松戸市史 史料編四・本土寺史料』）。

平賀《ひらが》本土寺諸末寺《まつじ》□□（永代）之掟

一、寺内幷檀那中において、御公儀《こうぎ》之法度堅く相守るべし、若《も》し違犯輩の者有るにおいては、早速本山へ申し達すべき事

一、法理立義幷世事等迄、本山之掟に違背すべからざる事

一、当住隠居の砌《みぎり》、後住《こうじゅう》沙汰の者においては、先ず本山之下知を承り、次に檀方《だんぽう》中へ相談を遂げるべし、或は旦方《だんぽう》異本寺《いほんじ》においては、伏して本山之指図に随う事

一、門流中座配者においては、本山定外異儀存じべからざる事

一、於本山において法会等之砌り、廻章《かいしょう》を任せ速く出仕遂げるべし、若し私曲之節は、其過に随うべき事

右条目末流一同堅く相守るべし、若し違背者において、追放等之重罪行わるべきもの

也

寛文六丙午年正月廿一日

不次第

大　野　法蓮寺《ほうれんじ》　日山《にちざん》　㊞

（以下二三ヵ寺略）

内容を確認しよう。第一箇条目に「寺内幷檀那」は、「御公儀之法度」を厳守することが記されている。第二箇条目でも「法理」や「立義」、「世事」のことに至るまで「本山之掟」に従うことが定められ、以下の箇条でも、本山からの指示を遵守することが求められている。こうした文面は、幕藩体制下でたびたび布達される掟書とほぼ同内容であると考えてよい。江戸幕府による教団統制を象徴する文面である。

ここに一つの歴史的事実を挿入してみよう。この掟書は、本土寺の住職であった日述が流罪となった翌年の寛文六年に作成されている。この点を加味すれば、右の掟書は一般的に解釈される内容以上の意味をもつ。

例えば、第一箇条目「御公儀之法度堅く相守る」という箇所は、幕府が制定する法度一般を含みつつ、特に不受不施の教義に対する禁制を想起させるのではないだろうか。また、本山の意向に従うことが求められている点も、同様の文脈で解釈することが可能である。

つまり、この時点において、本土寺の住職は、幕法によって禁じられた不受不施の教義を捨て、さらに配下の寺院に対しても、「右条目末流一同堅く相守るべし」という内容を周知させる必要に迫られていた。

この点において、本土寺の後住となった僧侶に課せられた責務は大きい。

末寺の内信寺化

幕府による不受不施派への禁圧政策。この方針は、下総国における同派の拠点だった本土寺にも深刻な影響を与えることとなる。後任の住職は、不受不施の教義を捨て、受不施派の寺院として生き残りを図らざるをえない。この地域における日蓮宗の中核寺院であるだけに、幕府による監視の目は厳しく注がれている。

こののち、同派の動向はいかなる様相をみせるのだろうか。次の史料をみてみよう（一部読み下し、『松戸市史　史料編四・本土寺史料』）。

（包紙）
「寛政六寅年　不受不施改　下総国香取郡《かとりぐん》沢村《さわむら》真浄寺《しんじょうじ》」

　　御届書

　恐れ乍《なが》ら書付を以って御届け申し上げ奉り候

一、不受不施之儀ハ、御制禁御座候えば、例年相改め、殊《こと》ニ去丑之年中、拙寺旦方幷末寺旦方ニ至る迄、逐一ニ相改め候所、紛らわしき者ハこれなき趣ニ御座候所、今般御公儀御役人中吟味ニ付、不受不施之僧侶露顕仕り候、これにより御本山御役僧

御下向成され、依って御尋ねニ御届け之趣左之通り
一、出所不知　僧侶壱人
御公儀御役人中ニ召し捕らわれ、藤左衛門掛け合いニ相成候
一、拙寺旦方　藤左衛門
右壱人地頭所より召し連れられ候
一、日講　石塔
但シ村地野末うしろさく
御公儀御役人中より村方へ御預ヶニ罷り成り候
一、不受不施之僧勧請《かんじょう》之本尊之事
拙寺先祖より持ち来たり候えども、信仰ハ決して仕らずとの事ニ御座候、しかしながら異流之本尊ニ御座候えば、拙寺へ引き取り仏前において焼き捨て申候
右之外御尋之趣拙寺旦方ニハ御座なく候、以上
寛政六年寅十一月日
下総之国香取郡沢村
真浄寺　㊞

時は寛政六（一七九四）年。すでに近世も後半にさしかかろうとしていた。この史料に

登場する真浄寺（現千葉県香取市）は、本土寺の配下にある日蓮宗寺院である。この寺を舞台に事件は発覚した。

詳細を確認していこう。第一箇条目に記されている「不受不施之儀ハ、御制禁御座候えば、例年相改め」という文言は、この地域において、不受不施派に対する調査が例年行われていたことを示している。同派に対する監視の目は、この時期に至っても緩められていない。「去丑之年中」、つまりこの文書が作成された前年の寛政五年にも、「旦方幷末寺旦方ニ至る迄、逐一ニ相改」められ、「紛らわしき者」は存在しない旨の報告がなされていた。ここでいう「紛らわしき者」とは、むろん不受不施派の僧侶や信者のことであろう。

ところが、翌寛政六年、「御公儀御役人」が「吟味」するなかで、不受不施派僧侶の存在が露見したのである（第二箇条）。真浄寺の檀家である「藤左衛門」も「召し連れられ」ていることから、同人は不受不施派の信者と想像される（第三箇条）。不受不施派の禁圧に関する定書が作成されて一二〇年以上の時が流れてもなお、この地域に同派の教義と信仰が脈々と受け継がれてきた証左である。

その証跡はこれにとどまらない。この史料にみえる「日講　石塔」と「不受不施之僧勧請之本尊」である。「日講」とは、日蓮宗の僧侶名であろう。問題化していることを考えると、上総野呂檀林の不受不施派僧侶として活動し、寛文六年に日向《ひゅうが》佐土原《さどわら》に流罪となった僧侶を指していると考えてよい（宮崎英修『禁制不受不施派の研究』）。幕府が禁制としている不受不施派の僧侶が顕彰の対象となり、石塔までつくられていたことになる。また、本尊についても、「不受不施之僧」が勧請したと報告されている。

この本尊については、「信仰ハ決して仕らず」と記され、禁圧の対象となっている教義とは無関係であると必死に弁明している。ただし、それが聞き入れられた痕跡はまったくない。「異流之本尊」として、仏前での焼却処分を強いられる結果となった。仏前での焼却は、信仰や教義の面から考えても、それを信じる者にとって、最大の苦痛であったに違いない。

一七〇〇年代後半になっても、一定の命脈を保っていた不受不施派とその教義。今回のように、その存在が発覚してしまえば、流罪や死罪などの厳罰が待ち受けている。にもかかわらず、同様の事件は、近世を通じて繰り返し露見している（安藤精一郎『不受不施派農民の抵抗』）。幕府による監視の目をかいくぐりながら、この教義を広めようとする僧侶。そうした僧侶によって営まれる寺院を「内信寺《ないしんじ》」と呼んでいる。

不受不施の教義と寺院の無住化

さて、ここに一つの疑問がある。不受不施派への度重なる弾圧によっても、なぜ同派の信仰は受け継がれてきたのだろうか。不受不施派の僧侶は、なぜその教義を保持し、内信寺と呼ばれる寺院が現出したのか。不受不施の教義が寺院の存立基盤を揺るがすことは、すでに確認した本土寺の事例からも明らかである。この点を分析するために、次の史料をみてみよう（一部読み下し）。

①安興寺《あんこうじ》中興弐拾年来之間無住《むじゅう》にて、看坊《かんぼう》或は留守居《るすい》之僧にて年月ヲ歴候節、塔中《たっちゅう》六坊之内五ヶ寺儀は、江原甚右衛門《えはらじんうえもん》殿より破却仰せ付けられ候

②安興寺無住之内、御朱印地田畑書付其外記録、悉《ことごと》く紛失仕り候、然る処、拙寺門前屋敷通壱反壱畝六分之処寺内除地《じょち》にて、往古塔中之坊跡にて御座候処、近代大乗寺《だいじょうじ》支配仕り候

③大乗寺儀は、往古安興寺塔中六坊之内大乗坊と申し候、然ル処、安興寺無住之節、大乗坊不受不施之新（邪カ）義相企て、村中一円ニ相勧め候ニ付、此節安興寺旦那大乗坊奪い取り申し候、

この史料は、本土寺配下の安興寺（現千葉県香取市）に残されている。作成は宝暦一二（一七六二）年で、「恐れ乍ら書付を以って御訴訟申し上げ候」という表題をもつ（北尾義昭『安興寺誌』私家版）。内容が長文にわたるため、一部を抽出した。

史料の検討に移る前に、この文書が作成された経緯を概述しておこう。安興寺は、本土寺の配下にありながら、寺内に六坊の塔中を抱えていた。この地域の有力寺院である。ところが、寛文年間（一六六一〜七三）に発生した不受不施派への弾圧（いわゆる「寛文の惣

滅」）で大打撃をうけ、寛文九年（一六六九）～元禄五年（一六九二）の二〇年以上にわたって、無住状態を強いられた。この間、安興寺を「差配」したのが、同寺の塔中であった大乗坊の住職である。「差配」の具体的内容は不明だが、安興寺が現住化したのちの宝暦一二年に両寺の間で争論に発展している。

この文書が作成された際、安興寺が立地する下総国香取郡岩部村《いわべむら》の領主は、旗本《はたもと》の江原氏であった。①の文言をみると、安興寺が無住となっていた期間に、この江原氏によって塔中六ヵ寺のうち五ヵ寺までが破却に追い込まれている。領主が安興寺の塔中を破却する理由は、不受不施の教義以外には考えられない。この教義が安興寺を無住化させ、塔中の大部分まで失うという結果を招いたのである。

事態はこれにとどまらない。②の箇所では、無住期間中に朱印地や田畑の書付をすべて失った様子を記している。書付を紛失したということは、田畑それ自体も失ったという意に解釈されよう。寺院が所持する田畑は、のちに説明するように、寺院経営の中核の一つをなす。無住期間が明け、安興寺に住職が止住《しじゅう》するようになったのちも、この影響からは逃れられない。端的にいえば、所持耕地からの収入を期待できなくなったものと理解される。

ここで最初の問いに戻ろう。このような結果を生じることが予想されるなかで、なぜ安興寺の前住は不受不施の教義を貫いたのだろうか。その回答が③にある。安興寺が無住となっていた期間、同寺の「差配」を担っていたのは、塔中であった大乗寺（もと「大乗坊」）の住職であった。そして、この住職は、「不受不施之新義相企て、村中一円ニ相勧め」というように、不受不施の教義を広めていたのである。その結果、安興寺の檀家の大部分は、大乗寺の檀家となった。

この文書は、安興寺と大乗寺の係争にあたって作成されているので、一定の史料批判が必要である。ただし、この史料からわかる具体的事実としては、安興寺が不受不施の教義をめぐって、相当期間の無住を強いられたこと、そして、この間同寺の塔中の住職が、不受不施の教義を広め、檀家の獲得につなげていたことである。「不受不施之新義」と記しているところをみると、安興寺の住職は受不施派、大乗寺の住職は不受不施派であることが推測されよう。

安興寺は、幕府からの追及をうけ、受不施派の住職を迎え入れることでようやく現住化をみた。しかしながら、所持耕地のみならず、檀家をも失うという経営上の危機に直面している。一方で、大乗寺の住職は、唯一残された塔中としての立場を利用しつつ、巧みにその経営基盤を強化したのである。

不受不施の教義は、寺院経営に大きな影響を与えていた。それは、負の影響のみならず、新たな檀家を獲得するという正の方向に作用する場合もある。こうした実態は、本土寺配下の寺院が抱える檀家数にも如実に表れている。次の表7をみてみよう。

本土寺末寺の檀家数

この表は、近世後期の文政一三（一八三〇）年に作成された文書をもとにして、檀家数を一〇軒ごとの階層別に示したものである。なお、檀家数が判明する全三八ヵ寺のうち、最少は四軒、最多が九五軒、平均檀家数は三五軒程度となっている。また、ここに示した檀家とは、葬祭檀家を指すものと考えられる。

表7　文政13年本土寺末寺の檀家数

檀家数（軒）	寺院数	無住寺院数
0～10	4	2
11～20	8	5
21～30	7	0
31～40	5	1
41～50	5	1
51～60	4	0
61～70	2	0
71～80	2	0
81～90	0	0
91～100	1	0
100～	0	0
合　計	38	9

（註）「日了師代諸末寺調方」（『松戸市史　史料編４』）より作成.

この表からは、檀家数三〇軒以下の寺院で全体の半数を占めていたことが判明する。加えて、ここで注目したいのは、住職不在の無住寺院である。檀家数が判明する寺院数について、九ヵ寺がこれに該当し、全体の二割強を占めている。この原因としては、例えば堂舎を立て替えるにあたっての一時的

表8　天保15年本土寺又末寺檀家数

檀家数(軒)	寺院数	無住寺院数
0～10	11	6
11～20	3	1
21～30	3	1
31～40	0	0
41～50	0	0
51～60	1	1
61～70	0	0
71～80	0	0
81～90	0	0
91～100	0	0
100～	1	0
合　計	19	9

（註）「日道師代惣末改別記」（『松戸市史 史料編４』）より作成.

な無住化も想定される（朴澤直秀「教団組織と寺院」）。ただし、それ以上に寺院経営の不安定化がその要因として考えられるだろう。

この視点から再度この表をみて欲しい。檀家二〇軒以下の寺院について確認すると、一二ヵ寺中七ヵ寺が無住寺院となっており、その割合は五八％となる。一方で、二一軒以上の檀家をもつ寺院では、その割合が七％台にまで低下する。両者の差は歴然であろう。

同様にして、今度は本土寺の又末寺に関する史料から、現住と無住の区分を確認してみたい。次の表８は、天保一五（一八四四）年に作成された文書から、本土寺の又末寺に関する檀家数を抽出したものである。先ほどと同じように、檀家数が判明する寺院について二〇軒を基準にしてみると、二〇軒以下では五〇％の無住率である。檀家二〇軒以上の寺院は数が少なく参考とはならないものの、無住率は末寺・又末寺ともに近似した数値であることがわかるだろう。

ここからは、若干の例外はあるものの、現住寺院と無住寺院について、檀家数二〇軒を境目として区分することができる。標本数が充分ではないため、あくまでも参考値となるものの、二〇軒以上の檀家数があれば、経営の不安定化は大きく軽減されるといえそうである。

檀家数と寺院経営

それでは、一般的にどの程度の檀家数があれば、寺院経営は安定するのだろうか。こうした疑問に対して、明確な回答をすることは難しい。それぞれの寺院が立地する場所や地域社会の実情、あるいはどのような経済階層の檀家を抱えているか、といった諸条件が複雑に絡み合うからである。近世の寺院について、これまでに多くの論考を積み重ねている圭室文雄は、安定的な寺院経営が可能となるいちおうの目安として、一〇〇～一五〇軒程度の葬祭檀家数を提示している（圭室文雄「江戸時代の天台宗寺院経営」）。

この指摘をふまえたうえで、改めて本土寺配下の末寺と又末寺の檀家数を振り返ってみよう。これらの寺院のうち、檀家数が最も多いのは一七〇軒である。同寺の檀家数は、他と比べて突出して多くなっているので、例外的な存在と考えてよい。他は九〇軒台が一ヵ寺、八〇軒台が二ヵ寺のみであり、平均葬祭檀家数は三五軒程度である。大部分の寺院は、圭室が示した数字に遠く及ばない。さらに、現住と無住を区分する境界線は、先に確認した通り二〇軒がその境目となる。仮に一〇〇軒の葬祭檀家があれば寺院の経営が維持されるとして、この数字はその五分の一程度となる。

ここからは、従来指摘されてきた寺院経営を可能とする檀家数に比べて、本土寺配下の寺院は、過少な檀家によってその経営を支えられてきたという結論を得られる。

所持耕地の実態

寺院経営の実態を分析するにあたって、もう一つ重要な柱がある。前述した、それぞれの寺院が所持する耕地である。寺院が所持する耕地は、朱印地・黒印地《こくいんち》・年貢地に分類される。朱印地と黒印地はそれぞれ幕府・大名から安堵された寺社領であり、租税の負担が免除されている。一方で年貢地は、各寺社が自己資金で開拓したり、檀家などからの寄付によって取得した土地を指す。こちらには年貢が賦課される。

端的にいえば、この時代の多くの寺院は、檀家からの収入（檀徳）と所持耕地からの収入（地徳）を両輪として経営を維持していた。寺院経営を分析するうえで、重要視されるのが、檀徳と地徳である。本土寺配下寺院の場合、檀家数が過少であったとしても、地徳に依存した経営が可能であれば、寺院全体の収入として経営の採算線を上回る。あるいは、

(不記)	合　計
1(1)	7(3)
	13(3)
	11(3)
	1(1)
	1
	0
	0
	2
	2
	2
1(1)	39(10)

表9　本土寺末寺の檀家数と所持石高

	～10軒	～20	～30	～40	～50	～60	61～
～2.5石未満		1(1)	3		1(1)		1
2.5～5.0		6(3)	3	1	1	1	1
5.0～7.5	3(2)		1	2(1)	2	2	1
7.5～10.0		1(1)					
10.0～12.5				1			
12.5～15.0							
15.0～17.5							
17.5～20.0					1	1	
20.0～							2
(不記)	1			1			
合　計	4(2)	8(5)	7	5(1)	5(1)	4	5

(註1)「日了師代諸末寺調方」(『松戸市史　史料編4』)より作成.
(註2)括弧内の数字は内数で無住寺院数を示す.

少ない檀家数を補うために、所持耕地の拡大によって地徳の増大化を図っていたことも想像されよう。

この点を解明するために、表9を用意した。これは、先掲表7のもととなった史料を利用して、本土寺末寺の文政一三(一八三〇)年時点における檀家数と所持石高の相関を表化したものである。

同表をみると、檀家数四一軒以上で所持石高が一七・五石以上の寺院が四ヵ寺存在する。これら寺院群は、他の寺院に比して所持石高のみならず、檀家数でも平均的数値を上回っている。その一方で、檀家数二〇軒、所持石高七・五石未満の寺院数は一〇ヵ寺を数えており、さらにそのうち六ヵ寺については、当該時期に無住化していることが確認される。

この寺院群に属している寺院は、経営の不安定化を顕在させているといえるだろう。

さらに重要な点は、所持石高七・五石未満の寺院に限定してみてみると、檀家数の多寡にかかわらず全体に分散傾向を示していることである。ここからは、檀家数と所持石高との間に際立った相関関係を見出すことができない。

以上の分析をふまえると、本土寺配下の寺院は、従来の研究史上指摘されてきた経営可能な檀家数を大幅に下回っており、多くの寺院が無住となっている。その一方で、現住であっても、檀家以外からの主要な収入手段として想定される地徳に依存していない寺院が多数存在している。こうした実態の把握からは、檀家数が過少であり、かつ地徳にも依存できない状況にありながら、無住化を免れている寺院が多数存在することがわかる。

ここまでの分析から、本土寺配下寺院の経営実態は、いかに描出されるのだろうか。

不受不施の教義からみえる寺院経営像

不受不施の教義を声高に主張することは、弾圧の可能性を誘引することになる。幕府による不受不施派の禁圧政策によって、安興寺は長期間にわたる無住化を余儀なくされた。他面において、大乗寺の場合はどうであろうか。弾圧の可能性がありながら、住職が不受不施の教義を広めることによって、新規の檀家獲得に成功した。このことは、両寺が所在した地域にあって、この教義を前面に押し出すことこそが、檀家獲得の有力手段になっていることを示している。寺院経営という観点からみれば、不受不施の教義は、諸刃の剣であったといえるだろう。

こうした整理を積み上げていくと、不受不施の教義を主張することによって、熱心な信者からの支持を得られるという実情がみえてくる。大乗寺は、安興寺の塔中であったゆえに幕藩権力の弾圧から逃れ、しかもこの教義を梃子にして信者を広げることに成功する。同派の僧侶は、この地域で決して孤立して宗教活動を展開していたのではない。潜在的な不受不施派信者が多数存在する信仰土壌を背景として、寺院経営を安定化させていたと理解されるのである。いわば、「信仰の純化」を経営戦略上の重要な要素として位置づけたこととなる。

このような信仰の背景を、しらが康義は次のように説明している。日蓮宗不受不施派の僧侶は、霊力や呪力をもつ存在として信者から認識されており、「(彼らが) 著しい信仰の清浄性を維持し禁制下において苦難・苦行を自ら厭《いと》わなかったこと」が信者らの確固たる信仰心につながった (同「不受不施派農民の生活と信仰」)。

禁制をものともしない不受不施派僧侶の信仰態度に、この地域の人々は「清浄性」を看取しつつ、苦難や苦行が信者の信仰を純化させ、教義に対する信仰心をより強化させたものと整理されよう。この教義を維持する限り、幕府から弾圧される可能性を常にはらんでいる。強い信仰心をもたない信者は、自ずと不受不施派から離れていかざるをえない。

一方で、こうした弾圧こそが、信者の信仰心をより強固なものとし、同派僧侶への帰依《きえ》の度合いを高めていく効果をもたらす。少数ではあるものの、信仰心の篤い檀家によって、本土寺配下の寺院はその経営を維持していたと理解されよう。まさに「かくれ信仰」の特徴そのものである。

不受不施の教義をめぐっては、禁制によって寺院経営が動揺するという動きと、そうした教義を唱えることによって檀家の支持を得て、寺院経営を安定させるという動きが、矛盾を抱えつつも同時に横たわっている。言い換えれば、不受不施の教義をめぐる信仰の問題が、寺院経営を安定化、あるいは不安定化をさせる両義的な要因となっていたともいえるだろう。この教義をどのように活かすのか。それこそが住職の経営判断である。

寺院経営の観点から不受不施派の教義を見直すとき、そこには数値化されない僧侶と檀家の信仰心が浮かび上がる。こうした実態は、寺檀制度が安定的に運用されたことによって寺院経営は安定化した、という単純な構図をいま一度問い直すことを求めている。

進む過疎、消える住職

近世において、檀家に対する寺請の行使は、寺院経営の主体となる住職にとって欠くことのできない権限である。こう考える日本史研究者は確かに多い。それには以下のような理由がある。

祈禱寺院とは何か

寺請の権限を付与された葬祭寺院の住職は、先述のように宗門人別《しゅうもんにんべつ》改帳《あらためちょう》の作成主体でもある。乳幼児死亡率が高率であったこの時代、改帳への記載は地域によって異なり、三歳あるいは五歳以下の子どもについては、これを除外して作成している場合もある（速水融『歴史人口学で見た日本』）。この時代の子どもたちは、常に死の危険性と隣り合わせである。言い換えれば、死の危険性を大きくはらんだ幼少期を経て、青年への成長が相対的に期待される時期に入ってからは、毎年あるいは定期的に葬祭寺院の住職によって身分確認がなされるようになった。

これだけではない。各寺院の住職は、「過去帳」と呼ばれる記録を作成している。これには、故人となった檀家の戒名（法名）および俗名、死亡年月日などを記しており、月命日などの法要を営むために利用していた。いわば、生者のみならず、死者の管理も寺院の住職によって担われていたのである（末木文美士『日本宗教史』）。人々の生活という視点からみると、寺檀制度は、この時代そのものを象徴する制度的な枠組みであった。こう考えることは、確かに正鵠《せいこく》を得ている。

ところが、この時代の寺院住職が、すべてこのような役割を果たしていたのかというと、そうではない。先に確認したように、寺檀制度の外側にも数多くの寺院が存在していた。寺請の対象となる檀家をもたない寺院。それが祈禱寺院である。寺請のみがこの時代の寺院を寺院たらしめていると考えるならば、祈禱寺院の存在理由は説明できない。寺請の権限をもたない住職と、彼らによって営まれる寺院が近世において多数存在していたことを直視する必要がある。

それでは、これまでの研究史上において等閑視され続けてきた祈禱寺院は、いかに存在していたのか。その社会的・経済的存立基盤はどこにあるのか。こうした素朴な疑問は、本書にとって避けて通ることができない分析課題である。

葬祭寺院と祈禱寺院

ここで、葬祭寺院と祈禱寺院の異同を改めて整理しておこう。葬祭寺院とは、寺請の対象となる檀家を抱えている寺院を指す。一般に、葬祭寺院の住職は、寺請を執行する檀家に対して儀礼としての葬祭も行っている。言い換えれば、寺請寺院と葬祭寺院は同義である。一方で、祈禱寺院にはこうした檀家が存在しない。ここで注意が必要なのは、祈禱寺院であっても、まったく檀家を抱えていないというわけではないという点である。さらに踏み込んで説明しよう。

近世の寺院が葬祭寺院と祈禱寺院に分類されるように、この時代の檀家は、葬祭檀家と祈禱檀家に区分することが可能である。A家は、B寺の葬祭檀家でありつつ、加持《かじ》・祈禱の類いはC寺の住職に依頼する。こうした事例は珍しくない。今日の私たちが、菩提寺《ぼだいじ》をもちつつも、他の寺院に参詣したり、七五三などをはじめとする人生の通過儀礼を別の寺院の住職に依頼することがあるのと同様である。

この点を整理すれば、近世に生きる人々にとって、寺請や葬祭の依頼は特定の一ヵ寺に限定されるものの、祈禱寺檀関係は別の寺院と（あるいは複数の寺院と）結ぶことも可能である。葬祭寺檀関係は固定的であるが、祈禱寺檀関係はより柔軟に取り結ばれると解釈することもできるだろう。こうした条件下では、葬祭檀家を一軒ももたずに、祈禱檀家のみを抱えている寺院が存在することとなる。これが祈禱寺院である。

表10　寺格別にみる無檀家の割合

	寺院数	葬祭檀家あり	割　合
「末寺」寺院	31	21	67.7%
「門徒」寺院	82	23	28.0%
合　計	113	44	38.9%

（註1）茨城県立歴史館寄託「静嘉堂文庫色川旧蔵書」文書番号267より作成.
（註2）「葬祭檀家なし」は「寺院数」の内数.

ただし、これには次のような例外がある。表10をみてみよう。この表は、常陸国《ひたちのくに》信太郡《しだぐん》江戸崎村《えどさきむら》（現茨城県稲敷《いなしき》市）の天台宗《てんだいしゅう》不動院《ふどういん》配下寺院について、寺格別に葬祭檀家の有無を示したものである。寺格でいえば、「末寺」寺院の住職には、寺請や葬祭の執行が許されており、「門徒」寺院の住職の場合には、原則としてこれが認められていない。

同表をみると、「門徒」の寺格であっても、三割弱の寺院で葬祭檀家を抱えていることになる。この割合は、確かに「末寺」寺院を大幅に下回ってはいるものの、「門徒」寺院がすべて葬祭檀家をもたないわけではないことを示している。「門徒」寺院の住職は、寺請や葬祭の執行が必要とされた場合、形式上、「末寺」寺院の住職にこれを許可してもらったうえで、その行使にあたったものと考えられる。

江戸幕府は、キリシタンなどを除外するために、強固な寺請制度を構築した。この点は先述した通りである。ただし、人々がこうした制度的な関係とともに、幕府の禁教方針を受容する限りにおいて、その信仰は柔軟に許されている（安丸良夫『神々の明治維新』）。そこに祈禱寺院の存在が認められる余地があるといえるだろう。

近世でも、時代を経るにしたがって、このような祈禱寺檀関係が硬直化し、葬祭寺檀関係と類似した性格を帯びるようになっていくという指摘もある。朴澤直秀は、こうした特徴を祈禱寺檀関係における「離檀困難観」という用語で説明している（朴澤直秀「祈禱寺檀関係と宗判寺檀関係」）。

補足説明をしておこう。近世の葬祭寺檀関係は、原則として固定的である。固定的というのは、先祖代々の寺檀関係を変更することが容易ではないという意味においてである。同様に、祈禱寺檀関係であっても、これまで特定の寺院と結んできた関係を破棄することは難しい。これを「離檀困難観」という。ただし、A家がB寺との祈禱寺檀関係を維持しつつ、新たにC寺と祈禱寺檀関係を結ぶことは可能である。このように整理されよう。

こうした祈禱寺院は、これまで繰り返し述べてきたように、寺檀制度の外側に数多く広がっている。その実態を確認していくこととしよう。

千妙寺と配下寺院

常陸国真《ま》壁《かべ》郡《ぐん》黒《くろ》子《ご》村《むら》（現茨城県筑西《ちくせい》市）の千妙寺《せんみょうじ》。江戸時代には、江戸上野《うえの》の東叡山寛永寺《とうえいざんかんえいじ》を本寺とし、関東以北に六〇〇ヵ寺以上の配下寺院を有する天台宗の田舎《いなか》本寺であった。同寺の史料群は、現在茨城県立歴史館により史料整理と目録化がなされている。

図3　千妙寺（茨城県筑西市）

また、平成の市町村合併で筑西市となる以前の関城町《せきじょうまち》によって、『関城町史』が編纂されており、多くの古文書が活字化されている。こうした目録や『関城町史』をみると、千妙寺配下となっている祈禱寺院関連の史料が多数存在していることがわかる。次に、千妙寺と配下寺院を分析の俎上《そじょう》にのせることで、祈禱寺院の実態を解明したい。

ここで注目するのが、「分限帳《ぶげんちょう》」と呼ばれる史料である。配下の寺院に提出させた稿本をもとに千妙寺がまとめた「分限帳」には、檀家数や檀徳、所持耕地とそこから得られる地徳、さらに散物銭《さんもつせん》（賽銭《さいせん》など）の額など、各寺院の収入に関する基本情報が記載されている。一冊にまとまったものとしては、延享二（一七四五）年と安永五（一七七六）年の

「分限帳」が確認されており、寺院経営の実態を分析するうえで、非常に有益な史料であるといえるだろう。この史料から、千妙寺配下の祈禱寺院を抽出して、そのありさまを考察していくこととしよう。

祈禱寺院の檀家数と檀徳銭

次の史料をみていただきたい（一部読み下し、『関城町史　史料編Ⅰ』）。千妙寺配下の祈禱寺院に関する分析を進めるにあたり、その基礎となる文書である。

（表紙）
「根本
本末並びに分限帳御改め回章《かいしょう》
　延享二年丑九月
　　此時□千妙寺末ト申し上げ度候処、其儀これなく候、惜哉」
　　本末幷びに分限御改め書
　東叡山御回章之写
寛永十年、他宗は残らず御公儀へ本末帳指し上げ候処ニ、今般本末帳面不足之分書き上げ候様ニ又々仰せ付けられ候、然る所ニ天台一宗ハ寛永年中本末帳面指し出さずニ付、今般一宗本末残らず帳面ニ相認め差し出すべく候由、寺社御奉行所ニ於いて仰せ渡され候間、其本寺より末寺・門徒之分漏レ申さざる候様ニ書き付け差し出すべく候、

書き付けの案、左の如し

何国何郡何村

東叡山末山号院号　　何寺

御朱印　何程

御除地　何程

境内《けいだい》山林　何程

年貢地　田畑　何程

但シ、毎年収納高何程

檀那　祈滅共　何軒

（後略）

右之通り認め、早速指し出さすべく候、尤《もつと》も東叡山より御急キ之御事ニ候間、此回章刻み付け、加印滞りなく順次ニ相廻シ済し候所より、黒子まで返し届け成さるべく候、以上

丑ノ九月　　常州黒子千妙寺　院代

供分　㊞

この史料は、延享二（一七四五）年に「分限帳」を作成するにあたって、千妙寺配下寺

院の住職に宛てられた「回章」である。現代でいえば、必要事項の伝達に用いられる回覧板といったところであろうか。内容を確認すると、「分限帳」に記載する事柄が列記されている。具体的には、寺号にはじまり、朱印地・除地・年貢地、ならびに山林地などの所持面積・檀家数などである。

延享の「分限帳」は、この雛形をもとにして作成されており、定型的な内容となっている。ただし、残念なことに、延享の「分限帳」には、所持耕地や檀家数などの記載はあっても、そこから得られる収入については記されていない。寺院経営を分析するための史料としては、やや不完全である。

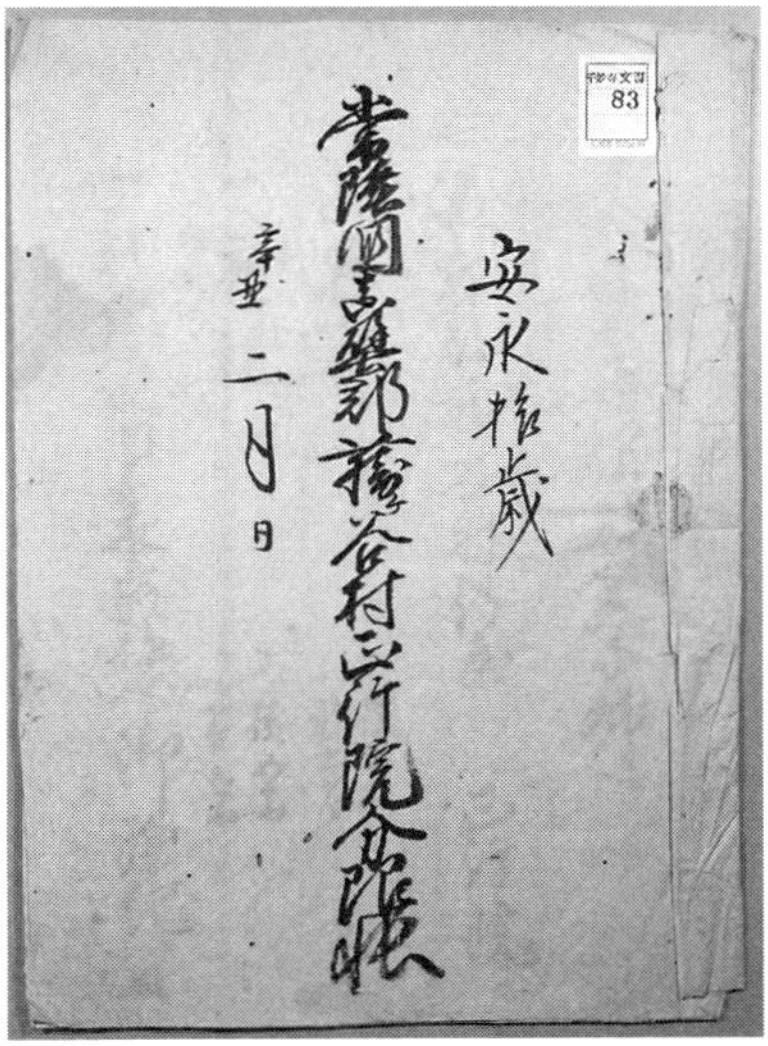

図４　常陸国真壁郡藤ヶ谷村正行院分限帳（千妙寺所蔵）

幸いなことに、ほぼ同様の形式を踏襲した安永の「分限帳」には、所持耕地や檀家数などに加えて、そこから得られる収入についても記載がある。そこでここでは、安永の「分限帳」を用いて、千妙寺配下寺院のなかから祈禱寺院を抽出し、それらの経営分析を進めることとしたい。まずは、祈禱檀家数と檀徳の把握から始めよう。

次の表11では、葬祭檀家をもたない祈禱寺院が四三ヵ寺存在していたことが確認される。繰り返しになるが、この時代には滅罪檀家、すなわち葬祭檀家をもたずに、祈禱檀家のみを有する寺院が存在した。本書では、こうした寺院を祈禱寺院と定義している。祈禱寺院の住職は、文字通り、加持・祈禱をはじめとする現世利益的な信仰を支えにして、宗教活動を展開していた。

表11に登場する四三ヵ寺のうち、一〇〇軒以上の祈禱檀家をもつ寺院は二ヵ寺のみである（最高は一七五軒）。割合としては、全体の五％にも満たない。最頻出の数値となっているのは、三一〜四〇軒の祈禱檀家を有する寺院である。これに二一〜三〇軒の寺院を加えると、全体の約半数の寺院がこの数値帯に属している。このあたりが平均的な祈禱檀家数といえるだろう。

先に言及したように、葬祭檀家の場合には、経営可能な檀家数の目安として、一〇〇〜一五〇軒程度の数字が提示されている。また、葬祭檀家は、祈禱檀家の二〜四倍の経済的負担をしていたとの研究報告もある（圭室文雄「江戸時代の天台宗寺院経営」）。こうした研究をふまえると、葬祭檀家をもたずに、祈禱檀家のみで寺院経営を維持していくためには、三〇〇〜六〇〇軒程度の祈禱檀家数が必要となる。千妙寺配下の祈禱寺院で、この境界線を越える寺院は一ヵ寺も存在しない。平均的な祈禱檀家数に至っては、この数値を大きく下回っている。

次に、祈禱檀家から得られる収入である檀徳銭について確認したい。次の表12をみてみよう。同表によれば、一〇・一貫文以上を得ている寺院は、わずか一ヵ寺に過ぎない（二〇貫文）。檀徳収入で二番目に位置する寺院が一〇貫文であることから、この寺院は例外的な存在と考えてよい。また、七・一貫文以上の檀徳を得ている寺院が全体の約二割を占める一方で、一・〇貫文に満たない寺院も同等程度存在していた。このように、祈禱檀家からの収入は、二極化されている。ただ、全体としてみるならば、祈禱寺院全体の実に六割以上は、五貫文未満の檀徳しか得られていない計算になる。

では、この檀徳銭は、当該期においてどの程度の価値をもつのであろうか。安永年間（一七七二〜八一年）の江戸における金と米の換算率を確認すると、米一石に対し金〇・八三〜一・一二両までの間で変動す

表11　千妙寺配下祈禱寺院の檀家数

檀家数(軒)	寺院数	全寺院数に占める割合
101〜	2	4.7%
91〜100	3	7.0%
81〜90	2	4.7%
71〜80	4	9.3%
61〜70	1	2.3%
51〜60	3	7.0%
41〜50	2	4.7%
31〜40	13	30.2%
21〜30	8	18.6%
11〜20	3	7.0%
1〜10	1	2.3%
0／不記	1	2.3%
合　計	43	100.0%

（註）千妙寺文書（文書番号49）より作成.

るものの、おおむね米一石に対して金一両前後で推移している。同様にして、銭と金との交換比率を確認すると、五〜六貫文の間で変動しており、その平均は五・五貫文程度である（児玉幸多ほか監修『日本史総覧Ⅳ　近世二』）。以上の点を整理すると、この史料が作成された安永年間では、おおよその目安として、金一両と米一石および銭五・五貫文が等価である。

この数値を先ほどの表12から得られた分析結果と重ね合わせてみよう。ここからは、千妙寺配下の祈禱寺院のうち、六割以上が米に換算して一石にも満たない檀徳収入しか得られていないことになる。この程度の収入では、住職一人を養い、堂舎を維持しながら宗教活動を展開していくことは難しい。檀徳に加えて、他の収入手段が必要となる。

千妙寺配下の祈禱寺院について、檀徳を確認した結論としては、この収入のみによって経営を維持することは期待できそうにない。経営基盤に関するさらなる分析を進める必要がある。

所持耕地からの収入

近世の寺院一般について想定される収入手段としては、所持耕地からの地徳や散物銭、祠堂金《しどうきん》の貸し付けなどをはじめとする金融があげられるだろう。例えば、東京台東区《たいとう》の浅草寺《せんそうじ》は、今日でも全国的に有名な観光名所であり、多くの観光客で賑わっている。こうした状況は近世も同様であり、全国から幅広い参詣客を集めていた。彼らが落とす散物銭の金額は、文化年間（一八〇四～一八）の多い月で金に換算して一五〇両程度であったと報告されている（長島憲子『近世浅草寺の経済構造』）。単純に計算すれば、年間で一八〇〇両となる額である。これだけの散物銭収入があれば、寺院経営を支えるに充分である。また、この収入を元手にして金融事業を展開することも可能であろう。

寺院が中心となる金融事業については、三浦俊明による研究がある。一例をあげれば、相模国《さがみのくに》の清浄光寺《しょうじょうこうじ》では、堂舎維持のために集金された祠堂金を元手として、これに公家や在郷商人からの出資を得たうえで、大規模な金融事業を展開していた（同『近世寺社名目金の史的研究』）。この時代における一大金融機関としての役割を果たしている。

表12　千妙寺配下祈禱寺院の檀徳銭

檀徳銭（貫文）	寺院数	全寺院数に占める割合
10.1～	1	2.3%
9.1～10.0	2	4.7%
8.1～9.0	1	2.3%
7.1～8.0	4	9.3%
6.1～7.0	3	7.0%
5.1～6.0	1	2.3%
4.1～5.0	2	4.7%
3.1～4.0	3	7.0%
2.1～3.0	8	18.6%
1.1～2.0	5	11.6%
～1.0	10	23.3%
不　記	3	7.0%
合　計	43	100.0%

（註）千妙寺文書（文書番号49）より作成．

それでは、千妙寺配下の祈禱寺院の場合はどうであろうか。安永五（一七七六）年の「分限帳」で確認すると、散物銭として最も多くの金額を得ている寺院で年銭八〇〇（一貫文＝一〇〇〇文）文であり、多くが銭二〇〇～三〇〇文程度である。散物銭収入がまったくない寺院も多数存在している。こうした実態からは、散物銭を寺院経営の主要な収入項目とはみなしがたい。同様に、金融事業を展開している寺院も皆無である。

以上の点を総合的に勘案すると、千妙寺配下の祈禱寺院の場合、檀徳以外の主要な収入は、所持耕地からの収入と判断してよいだろう。それでは、寺院収入の二大項目と考えられる檀徳と地徳の割合は、どのような比率だったのだろうか。次の表13を用いて分析してみよう。

全収入に占める檀徳の割合が判明する四〇ヵ寺のうち、この数値が九〇%以上となっているのは、わずか一ヵ寺のみである。五〇%以上に範囲を広げても八ヵ寺のみであり、約八割の祈禱寺院では、檀徳よりも所持耕地からの地徳による収入が上回っている。このうち、一五ヵ寺で全収入に占める檀徳の割合が二〇%以下となっている。この数字は、全祈禱寺院数の四割近くに該当する。

原則として、寺請や葬祭を執行することができない住職によって営まれる祈禱寺院は、檀家に依存するのではなく、所持耕地からの地徳によってその経営を維持していたことが明らかである。寺院が近世社会に存在する意義を住職による宗教活動に求めるならば、祈禱寺院の場合、社会的基盤と経済的基盤は大きく乖離《かいり》している。俯瞰すれば、祈禱寺院の住職は、地徳による経済基盤を確保し、その補完によって宗教活動を展開していたと考えられよう。

耕地集積の様子　所持耕地からの地徳によって維持される寺院経営。こうした構図は、次の表14からも看取される。この表では、延享二（一七四五）年と安永五（一七七六）年における各祈禱寺院の所持耕地面積を比較した。早速内容の検討に移ろう。

安永五年の所持耕地でみると、四町歩以上の耕地を所持する増徳寺《ぞうとくじ》を筆頭に、八ヵ寺の所持耕地が一町歩を超えており、全四六ヵ寺に占める割合は一七％強となる。所持耕地が少ない方に目を転じると、五反歩以下の祈禱寺院は一九ヵ寺確認され、全体の約四〇％を占めている。

表13　全収入に占める檀徳銭割合

全収入に占める檀徳銭の割合（％）	寺院数
90.1～	1
80.1～90.0	1
70.1～80.0	1
60.1～70.0	1
50.1～60.0	4
40.1～50.0	3
30.1～40.0	8
20.1～30.0	6
10.1～20.0	10
～10.0	5
合　計	40

（註）千妙寺文書（文書番号49）より作成．

ここで、「一反以上の増減」の欄に注目して欲しい。この欄に記されている△の記号は、両年を比較して、一反歩以上の所持耕地面積の増加を示している。これに該当する祈禱寺院は一三ヵ寺確認される。さらに畝歩単位の増加を含めれば、延享二年～安永五年の約三〇年間で、約

合　計	1反以上の増減	備　　考
4.8.1.20		
3.0.7.04		
2.9.9.11		
1.8.7.06	△	
1.6.4.10		
1.3.9.02		
1.2.7.16	△	
1.1.2.13	△	
0.9.6.25	△	
0.9.4.28	△	
0.9.0.07		
0.8.8.03		
0.8.5.14	△	「古屋敷」を含む
0.8.2.00	△	
0.7.9.21		
0.7.1.10	▼	
0.7.0.09	△	
0.6.9.20	▼	
0.6.8.13	△	
0.6.4.20		
0.5.9.13	△	朱印 12石
0.5.9.01		
0.5.8.28	△	
0.5.6.03		朱印 5石　ほかに神田1石4斗あり
0.5.4.05		
0.4.1.18	△	
0.4.1.14		
0.4.1.10		
0.4.0.26		

表14　千妙寺配下祈禱寺院所持耕地の変遷（単位：町．反．畝．歩）

	寺院名	延享2年			安永5年	
		田　地	畑　地	合　計	田　地	畑　地
1	増徳寺	2.1.6.08	2.6.5.10	4.8.1.18	2.1.6.08	2.6.5.12
2	浄国寺			（27石）	1.6.2.22	1.4.4.12
3	清水寺				1.4.3.14	1.5.5.27
4	幸福寺			1.5.3.11		
5	華蔵院	0.8.8.11	0.7.5.29	1.6.4.10	0.8.8.11	0.7.5.29
6	慈門院	0.9.2.04	0.3.7.00	1.2.9.04	0.9.1.29	0.4.7.03
7	自性院	0.2.9.10	0.6.8.17	0.9.7.27	0.2.4.22	1.0.2.24
8	普賢院			0.4.0.00	0.8.7.28	0.2.4.15
9	西光院	0.3.0.00		0.3.0.00	0.2.3.28	0.7.2.27
10	如来寺			0.6.2.28	0.4.2.02	0.5.2.26
11	天僊寺	0.4.9.07	0.4.1.00	0.9.0.07	0.4.9.07	0.4.1.00
12	本住院	0.2.5.24	0.7.1.02	0.9.6.26		
13	大乗院	0.4.7.12	0.1.4.20	0.6.2.02	0.4.7.12	0.3.8.02
14	神宮寺	0.5.2.25	0.0.1.15	0.5.4.10	0.6.7.20	0.1.4.10
15	遍照寺	0.7.3.16	0.0.6.00	0.7.9.16	0.7.3.15	0.0.6.06
16	本光院		0.8.1.11	0.8.1.11		0.7.1.10
17	成就院			0.4.6.19		
18	持福院			0.9.9	0.3.2.10	0.3.7.10
19	東光院	0.1.1.29	0.3.9.14	0.5.1.13	0.1.1.05	0.5.7.08
20	専蔵院			0.6.4.18	0.4.8.24	0.1.5.26
21	威徳寺	0.1.2.15		0.1.2.15		
22	三蔵院			0.5.9.01	0.5.5.01	0.0.4.00
23	浄明院		0.4.8.01	0.4.8.01	0.1.2.23	0.4.6.05
24	東陽寺	0.2.5.15	0.3.1.04	0.5.6.19		
25	妙性院			0.5.3.23	0.4.6.04	0.0.8.01
26	観音院		0.2.4.00	0.2.4.00	0.1.5.18	0.2.6.00
27	宝珠院	0.3.4.16	0.0.6.02	0.4.0.18	0.3.4.16	0.0.6.28
28	明静院			0.4.1.10	0.2.1.24	0.1.9.16
29	三念寺			0.4.0.14		

0.4.0.08		朱印 3石
0.3.8.24		
0.3.5.17		
0.3.5.06		
0.3.5.00		
0.3.4.03		
0.2.9.15	▼	
0.2.9.05	△	
0.2.2.13		
0.2.0.00		
0.1.9.27		
0.0.9.02		
0.0.4.06		朱印 5石
0.0.3.19		
0.0.2.25		
（不記）		朱印 7.5石
（不記）		

半数の寺院が耕地の集積を進めていたことになる。特に所持耕地の上位一〇ヵ寺に注目すると、このうち五ヵ寺で一反歩以上の所持耕地の増加がみられる。このことから、経済的優位にある祈禱寺院がさらなる耕地の増加を進めていた傾向にあるといえるだろう。

もちろん所持耕地が少ない祈禱寺院にとっても、耕地の集積は、寺院経営の根幹に関わる問題である。次の史料をみてみよう（一部読み下し、『関城町史 史料編Ⅰ』）。

（端裏書）「藤ケ谷正行院《せいぎょういん》願」

恐れ乍ら口上書を以って御
願い申し上げ候御事

30	善宮寺			0.3.0.21	0.2.3.12	0.1.6.26
31	福蔵院	0.3.9.10		0.3.9.10	0.3.8.24	
32	持明院			0.3.5.11		
33	光明院	0.1.4.11	0.1.2.28	0.2.7.09	0.1.7.27	0.1.7.09
34	法蔵院	0.1.5.00	0.1.3.00	0.2.8.00	0.2.5.00	0.1.0.00
35	東福院			0.2.6.15	0.1.6.15	0.1.8.00
36	薬王院			0.5.3.25	0.2.0.21	0.0.8.24
37	観音寺				0.2.5.20	0.0.3.15
38	長栄寺			0.2.4.23	0.0.4.16	0.1.7.27
39	地蔵院	0.2.0.00		0.2.0.00	0.2.0.00	
40	常光院	0.1.9.27		0.1.9.27	0.1.9.27	
41	正行院				0.0.8.01	0.0.1.00
42	神光寺	0.0.4.09		0.0.4.09	0.0.4.09	
43	福性院		0.0.1.15	0.0.1.15	0.0.1.12	0.0.2.07
44	金剛院					0.0.2.25
45	西光寺			（不記）		
46	東福院			0.2.6.15		

（註1）千妙寺文書（文書番号31・49）より作成.
（註2）除地・免地はこれを含む.
（註3）△は１反以上の増加，▼は１反以上の減少を示す.

一、当村白水（泉カ）海跡、前々より御当山支配ニて、古跡ニ紛れ御座なく候、これにより、此度御願い申し上げ候は、御支配之内御引き移し下し置かれ候様ニ願い上げ奉り候、御本寺様勤め方之儀ハ、御門中並ニ仰せ付けられ次第、違背仕る間敷《まじく》候、何卒御慈悲を以って、願之通仰せ付けられ下し置かれ候ハヾ、偏に有り難く存じ奉り候、願い証文仍《よ》って件の如し

元文五年申五月

常陸国真壁郡藤ヶ谷村《ふじがやむら》
願人名主《なぬし》　市郎右衛門　㊞
（以下一三名略）
慈　海　㊞

千妙寺様
御院代様
御供分衆中様

この史料に登場する「白水海跡」（泉海跡《せんかいあと》カ）とは、端裏書きから判断して、元文五（一七四〇）年に正行院という寺号を付与された常陸国真壁郡藤ヶ谷村（現茨城県筑西市）の寺院であろう。文書が作成された時点では、正式な寺号をもたない堂庵の類いであったと想像される。別史料から、同院は名主の市郎右衛門らの願いにより、この文書が作成されてから二ヵ月後の同年七月に正式に寺号を付与されたことが判明する（『関城町史　史料編Ⅰ』「坂入和夫文書」文書番号一）。実質的な新規寺院であると考えてよい。

ところで、近世には幕令によって新規の寺院建立に一定の制限が加えられていた。史料に記されている「古跡ニ紛れ御座なく候」という文言は、この制限をふまえて挿入されている。先にこの点を確認しておこう。次に示すのは、大石久敬《おおいしひさたか》が記した『地方凡例録《じかたはんれいろく》』の記述である。

一、古跡新地差別之事

一、古跡とハ寛永八辛未より以前に建立したる寺を云ふ、古跡並は寛永八年より寛文八戊申年まで、三十八年間の間建立の寺を新寺と唱へて古跡並なり、其以後の寺ハ新地なり、右古跡・古跡並・新地の差別は、元禄四年辛未年初めて寺社改役出来し、元禄以後は新地の建立堅く停止に成りたり、尤も寛文以後の寺も願筋の訳格別に立ば、古跡並に申付らるることもあり、

一、寺地・寺号在来りの処に庵室を建立し、古跡を願ふときに於いては、往古寺院有りしときの先住俗の墳墓二三代も続きてあるか、仮令《たとえ》墳墓ハなくとも往古の過去帳ありて、本来の訳慥《たし》かにて、申立の筋分明なれバ、今とても古跡の願相立こともあるなり、（後略）

大石久敬は、近世中期に活躍した上野国高崎藩《こうずけのくにたかさきはん》の地方役人である。彼の手による『地方凡例録』は、この時期の農村行政を知るうえで豊富な情報を提供しており、近世村落史研究の必携の書である。ここにみえるように、近世の寺院は、創建の時期によって「古跡」と「古跡並」に分類され、これら以外の新規寺院は、元禄時代以降、建立が差し止められた。過剰に増加しつつある寺院の建立を抑制しようとする幕府の方針をここにみるこ

とができよう。こうした認識は、『地方凡例録』の編者である大石久敬が同書に右の幕令を収録していることからも、幕領のみならず広く各藩の民政担当者にも知られていたことを推認させる。

ただし、幕府の方針では、傍線部に記されているように新寺建立の可能性を残していた。「古跡」や「古跡並」の由緒を主張することで、事実上の新寺を建立している事例も少なくない。正行院の場合にも同様に、実質的には新寺であるものの、「古跡」の由緒を主張することによって、はじめてその建立が認められたと考えられる。

さて、本題に戻ろう。正行院は、延享二年の「分限帳」が作成される五年前の元文五年に正式な寺号を与えられた。それゆえに、延享二年時点では、耕地を所持している様子がみられない（前掲表14№41）。ところが、安永五年の「分限帳」には、一反歩弱の所持耕地記載が認められる。この間に、耕地の集積を図っていたのである。

檀家からの収入に多くを期待できない祈禱寺院にとって、地徳依存型の経営を展開していくうえでも、耕地の集積は死活的な課題であった。制度的枠組みの内側に存在する葬祭寺院であっても、多様な収入手段を確保しながら寺院経営を維持している。まして、制度の外側に展開する祈禱寺院が生き残りを図ろうとするとき、その道は決して平坦なものではない。

住職の止住と寺院収入

地徳に依存した寺院経営を維持することは、容易ではない。この点をさらに掘り下げて分析したい。ここで改めて注目したいのは、先の表14である。同表では、数ヵ寺ではあるものの、一反歩以上の耕地減少がみられる寺院が存在する。過少な檀徳収入を補完するために、それ以外の収入手段を確保することが求められるなか、所持耕地を失うことはさらなる経営の圧迫につながりかねない。

また、所持する耕地が五反歩に満たない寺院が全体の四〇％程度を占めることは、既述の通りである。こうした実態からは、所持耕地が過小であり、かつ耕地の集積も思うように進めることができていない祈禱寺院が一定数存在したことを想起させる。

次に提示する表15を確認してみよう。この表は、元文三（一七三八）年に住職の止住が確認される祈禱寺院について、その後の経過を安永五（一七七六）年と寛政二（一七九〇）年時点で示したものである。同表をみると、元文三年時点では、三四ヵ寺の寺院で住職の存在が確認される。それが安永五年には二〇ヵ寺に減少し、さらに寛政二年には一八ヵ寺にまで落ち込んでいる。この間約五〇年で、約半数の祈禱寺院で無住化が進行したことになる。

こうした現象が一時的なものであれば、現住化の道が残されているといえるだろう。ただし、同表に登場する祈禱寺院のうち九ヵ寺では、安永五年と寛政二年の両年で無住となっている。これらの寺院では、無住化の状態が常態化していた様子が明瞭である。つまり、檀徳にも地徳にも依存できない状況のなか、多くの祈禱寺院が経営難から無住化に追い込まれていたのである。

それでは、一人の住職を養い、無住化を回避するためには、どの程度の収入が必要とされたのだろうか。さらに同じ表15を用いて、寺院の経済基盤を階層別に検討していきたい。檀徳や地徳を含む寺院収入全体が二〇貫文を超える一二ヵ寺をみると、安永五年および寛政二年ともに無住となっている寺院は二ヵ寺のみである。一方で、両年ともに現住となっている寺院は七ヵ寺が確認され、この階層に占める現住率は六〇％弱となる。

これに対して、全収入が二〇貫文以下となっている二二ヵ寺については、両年ともに現住となっている寺院が六ヵ寺存在し、その割合は三〇％に満たない。現住の割合と寺院収入全体を関連させて分析すると、二〇貫文を基準として、二つの階層間における現住率の差異が約二倍となっている。銭二〇貫文は、米に換算するとおおむね四石程度であり、このあたりが現住と無住の境界線であるといえよう。

二百数十年続く近世という時代のなかでは、物価の変動に大きな波があるため、明確な数値を示すことは難しい。住職一人が年間一石八斗の米を消費し、堂舎の維持や宗教活動に要する支出、所持耕地からの収入を得るために必要な経費を勘案すると、近世中期には、

表15　千妙寺配下祈禱寺院の全収入と現住・無住

	寺院名	安永5年の収入(貫文)	人別帳にみる各寺院の現住状況		
			元文3年	安永5年	寛政2年
1	東陽寺	32.1	○		○
2	本住院	28.35	○		
3	西光寺	28.1	○	○	○
4	妙性院	27.55	○	○	○
5	神宮寺	27.48	○	○	○
6	大乗院	26.75	○	○	○
7	遍照寺	25.94	○		
8	福蔵院	22.3	○	○	○
9	浄国寺	22.23	○		○
10	花蔵院	21.7	○		○
11	普賢院	21.62	○	○	○
12	天僊寺	20.3	○	○	○
13	専蔵院	17.67	○		
14	神光院	17.3	○	○	
15	慈門院	15.7	○		
16	宝珠寺	14.6	○	○	
17	明静院	14.37	○	○	
18	増徳寺	12.43	○		
19	東福寺	11.68	○		
20	持福院	11.5	○	○	○
21	法蔵院	10.48	○	○	○
22	自性院	9.91	○	○	○
23	如来寺	8.65	○	○	○
24	持明院	8.6	○	○	
25	金剛院	8.45	○		○
26	成就院	8.01	○	○	○
27	三念寺	7.45	○		
28	東光院	7.34	○		○
29	薬王院	6.33	○	○	
30	妙光寺	6.3	○	○	○
31	浄明院	5.35	○	○	(不記)
32	観音院	4.89	○		
33	長栄寺	4.4	○	○	
34	福性院	0.2	○		
合　計			34	20	18

(註) 千妙寺文書（文書番号49・275・453）より作成.

年間で銭二〇貫文、米に換算して四石程度の収入が一つの目安となる（圭室文雄「熊本藩における寺院の実態」）。これ以下の収入では、不安定な寺院経営を強いられることとなる。むろん、住職の止住状態にも大きな影響を与えていたといえるだろう。

無住化の進行

祈禱寺院の多くが檀徳に依存した経営ができないなか、こうした状況を克服するためには、いかにして土地集積を進めるかが課題であった。この時代の祈禱寺院は、所持耕地を増加させる傾向にある。しかしながら、先に確認したように、近世中期以降、祈禱寺院の無住化は確実に進行していた。所持耕地から得られる収入を増加させることによって、寺院全体の増収を図り、経営を安定化させるという試みは、必ずしも成功しているとはいえない。

ここには、千妙寺配下の祈禱寺院が立地するこの地域特有の社会構造が見え隠れする。次の史料をみてみよう（一部読み下し、『関城町史　史料編Ⅰ』）。

（端裏書）
「文政四年　藤ノ谷ノ三ヶ寺　伐木願云云」

恐れ乍ら書付を以って願い上げ奉り候

一、私共村方三ヶ院年来無住ニ付、諸檀用等村方一同難渋仕り候、然ル処右三ヶ院共元来薄録（禄）寺院故、住僧これなく歎《なげ》ヶ敷存じ奉り候、右ニ付此度願い上げ奉り候ニハ、右三ヶ院山林も御座候へハ、人家相離候場所ハ、年々野火ニて焼け枯木等出来仕り候ニ付、此度残らず売木仕り、右代金御当山へ御預ヶ置き、末々寺院修復等仕りたく候、且又近年村方人少ニ相成り、寺院収納少なく仕り候故、自然と住僧御座なく候様相見え申し候間、右三ヶ院之内正行院ハ只今迄之通り仕り置き、外東光院《とうこういん》・大《だい》乗院《じょういん》共当時大破ニ相成り罷《まか》り有り候間、右二ヶ寺壱ヶ寺ニ仕り候えハ、収納も少々相増シ、住僧も有べき哉ニ存じ奉り候間、何分出格之思し召しを以って、右願い之通り仰せ付けられ置候ハ丶、有り難き仕合せに存じ奉り候、以上

藤ヶ谷村

文政四巳年三月　　名主　吉兵衛　㊞

（以下四名略）

千妙寺様御役僧中

この史料は、文政四（一八二一）年に藤ヶ谷村（現茨城県筑西市）の名主から千妙寺の役僧に宛てて作成された文書である。本題に入る前に、内容を整理しておこう。同村には、正行院・東光院・大乗院の三ヵ寺が存在している。先に示した「分限帳」で確認すると、いずれにも葬祭檀家は確認されず、祈禱寺院であることがわかる。

このように、一ヵ村に複数の祈禱寺院が存在する事例は珍しくない。特に藤ヶ谷村は、『元禄郷帳』で確認すると、村高一五〇〇石余りとなっていた。この時代の平均的な村高

が五〇〇石程度であることを考えると、大村であったといえる（木村礎『近世の村』）。その経済力が祈禱寺院三ヵ寺の経営を支えていたのである。

さて、次に史料の検討に移ろう。これら三ヵ寺は、史料の本文一行目に記されているように、「村方三ヶ院年来無住」の状態にあった。この原因を名主らはどのように認識していたのだろうか。

まずは一つ目の傍線部に注目したい。ここには、「右三ヶ院共元来薄録寺院故、住僧これなく」との文言がみえ、名主らは無住化の原因を以前からの「薄録」にあるとしている。充分な寺院収入を見込むことができないため、住職の止住に至らないと了知していたことになる。

ここで表16から、藤ヶ谷村三ヵ寺の収入を確認しておこう。安永五年の「分限帳」では、米に換算して四石程度と考えられる経営維持の境界線を上回っているのは大乗院のみであり、ほかの二ヵ寺はこの線を大幅に下回っている。特に正行院は、一石未満の収入である。ただし、同年時点で無住となっているのは東光院のみであり、二ヵ寺については現住が確認される。

ということは、安永五（一七七六）年からこの史料が作成された文政四（一八二一）年までの四五年間で、同村三ヵ寺の無住化が同時に進行したことになる。このことは、無住化が個別寺院の事情によるものではなく、藤ヶ谷村を含むこの地域全体が抱える問題に起因していることを示している。その要因を二つ目の傍線部で確認しよう。ここには、近年村方の人口が逓減《ていげん》化し、それに伴って寺院収入が減少した結果、「自然と住僧御座なく候」となった様子が記されている。村内人口が減少した結果、寺院の収入減につながり、住職の止住がままならなくなったとの認識である。

表16　安永５年における藤ヶ谷村三ヵ寺の全収入

	寺院名	全収入		備考
		貫文換算	石高換算	
1	大乗院	26.75	4.86	
2	東光院	7.34	1.33	無住
3	正行院	5.22	0.95	

（註1）千妙寺文書（文書番号49）より作成.
（註2）金１両＝銭5.5貫文＝米１石で換算した.
（註3）小数点第３位以下四捨五入.

北関東農村の荒廃と寺院経営

村内人口の減少と寺院経営。両者の関係をどのように考えたらよいのだろうか。まずは、村内人口について確認していこう。実は、藤ヶ谷村のみならず、近世中期から後期にかけての北関東農村では、著しい人口減少に直面していたことが知られている。

ここで、歴史人口学の研究によって得られた知見を紹介しよう。速水融の研究によれば、上野・下野・常陸の北関東三ヵ国について、享保六（一七二一）年と弘化三（一八四六）年の両年を比較すると、この一二五年間で人口が七二・一％に減少している（速水融『歴史人口学研

究 新しい近世日本像』)。近世中期以降の一二〇年あまりの期間で、三割に近い人口が北関東農村から霧消したのである。これは、相当深刻な状況であるといえよう。

こうした人口動態をふまえて、村内人口の減少が寺院経営に与えた影響を考えてみよう。最初に思い浮かぶのは、檀家数の減少である。人口の減少は、檀家数にも直結するはずで

延享2年檀家数[A]	文化9年檀家数[B]	[B]／[A]
24	28	116.7％
30	30	100.0％
45	42	93.3％
50	42	84.0％
78	65	83.3％
24	20	83.3％
75	60	80.0％
40	32	80.0％
40	30	75.0％
22	16	72.7％
11	8	72.7％
100	70	70.0％
36	25	69.4％
16	11	68.8％
16	11	68.8％
35	24	68.6％
97	65	67.0％
26	16	61.5％
79	48	60.8％
43	26	60.5％
29	15	51.7％
90	42	46.7％
200	51	25.5％
39	9	23.1％
1245	786	63.1％

を示す.

表17　千妙寺配下祈禱寺院の延享—文化年間の檀家数比較

	文書番号	年　号	寺院名	村　名	文化現住／無住
1	555	文化9年	地福院	新石下村	無住
2	2723	文化9年	善宮寺	竹垣村	(現住)
3	2719	文化9年	東光院	藤ヶ谷村	(家守)
4	339	文化9年	東福院	西保末村	(無住)
5	2725	文化9年	天仙(遷)寺	豊体村	現住
6	764	文化9年	薬王院	上野殿村	(無住)
7	2731	文化9年	西光寺	赤浜村	現住
8	554	文化9年	長栄寺	下総国中居指村	現住
9	1833	文化9年	寶(法)蔵院	関館村	無住
10	2716	文化9年	女(如)来寺	若柳村	無住
11	1602	文化9年	持明院	下川中子村	(無住)
12	2724	文化9年	遍照寺	若柳村	現住
13	1719	文化9年	観音寺	下川中子村	無住
14	2729	文化9年	金剛院	吉田新田村	無住
15	2708	文化9年	神光寺	大林村	現住
16	2717	文化9年	成就寺	下総松岡村	現住
17	2722	文化9年	三念寺	吉間村	現住
18	2733	文化9年	地蔵院	飯田村	無住
19	552	文化9年	光明院	陰(影)沢村	(現住)
20	556	文化9年	観音院	陰沢村	無住
21	2727	文化9年	専蔵院	大塚村	無住
22	553	文化9年	幸福寺	木戸村	(無住)
23	2718	文化9年	大乗院	藤ヶ谷村	現住
24	2730	文化9年	西光院	板橋村	(無住)
			合	計	

(註1) この表における文書番号は，各寺院の文化９年作成の「分限帳」分類番号

(註2) 延享２年の檀家数については，千妙寺文書（文書番号31）より作成.

ある。

次に表17を提示する。同表は、延享二（一七四五）年と文化九（一八一二）年の両年について、祈禱檀家数が判明する二四ヵ寺の檀家数を比較したものである。ここからは、延享二年に比べて祈禱檀家数が増加、あるいは同数となっている寺院が一ヵ寺ずつ確認されるものの、それ以外の二二ヵ寺についてはいずれも減少している。最も減少率が大きい板《いた》橋村《ばしむら》の西光院《さいこういん》と藤ヶ谷村の大乗院では、この数字が二〇％台にまで低下している。また、各祈禱寺院の総祈禱檀家数を両年で比較すると、文化年間（一八〇四～一八）には対延享比で六〇％台前半となり、先に速水が示した数値よりもさらに一〇％程度低くなっている。檀家数を基準として考えた場合、やはり多くの寺院で困難な局面にさらされている。

このように、千妙寺配下の祈禱寺院は、立地する地域的な特徴から、多くの檀家を失っていた。祈禱檀家数の減少は、寺院経営を不安定化させ、その結果として祈禱寺院の無住化をもたらした可能性がある。これらの寺院では、単純に考えれば、檀家からの収入が全体で四割減となる計算である。

ただし、ここでいま一度振り返っておきたいのは、祈禱寺院の収入に占める檀徳の割合が小さいことである。祈禱寺院の経営基盤は、檀徳ではなく、むしろ所持耕地からの地徳に依存した状態にあった。檀徳収入が減少したからといって、そのことがそのまま無住化への道を用意するとは考えにくい。ここには別の要因が絡んでいるはずである。

なぜ無住化が進行したのか

近世中後期にみられた祈禱寺院の無住化は、結論からいえば、檀家数の減少にのみ起因するものではない。それでは、その原因はどこに求められるのだろうか。これを示す史料が千妙寺に残されている（一部読み下し、『関城町史　史料編Ⅰ』）。

（端裏書）「文政七年四月　東（西）保末村東福寺（ママ）田地無徳ニ候間、金ヲ附け呉ル願」

恐れ乍ら書付を以って申し上げ候

榊原権佐様御知行所西保末村高之内

一、下田壱反七畝廿六歩　字下水窪

右は昔年当村西尽坊より東福院《とうふくいん》へ茶牌料《ちゃはいりょう》として寄附致しこれ有り候所、村方人少ニ相成り、小作致すものもこれ無く、去年中迄は惣村にて作附候ニ付、御年貢・諸夫《ぶ》銭《せん》・手間代迄も村方弁済ニ相成り、年々右のことくにては、畢竟《ひっきょう》西尽坊菩提ニも相成らず候ニ付、此度惣村中相談之上、右田地へ合力金《ごうりききん》トして壱両弐分相添え、当村百姓惣右衛門と申す者へ譲り渡たし度存じ奉り候、勿論右惣右衛門儀は、西尽坊へ謂所《いわゆる》これ有り候もの故、右田地作徳を以って、年忌月忌命日等ニは、仏事供養も致し度心底ニこれ有り候えば、霊魂も満足致すべき儀と存じ候間、前書申し上げ候通り御聞き済み成し下され度、東福院祈願檀中一統願い奉り候、これに依り恐れ乍ら連印を以っ

て願い奉り候、以上

文政七申年四月

西保末村《にしほずえむら》東福院祈願檀中

源兵衛　㊞

（以下二九名略）

名主　源右衛門　㊞

同　縫之助　㊞

黒子御本山様

御指南心性院様

（後略）

この史料は、文政七（一八二四）年に作成された。西保末村（現茨城県筑西市）の東福院が所持する一反七畝歩あまりの下田を村内の惣右衛門なる人物へ譲渡する内容である。差出人の箇所に東福院現住の名は登場しない。このことから、当時同院は無住であった可能性が高い。

詳細に史料を検討していこう。まずは一つ目の傍線部である。ここには、今回譲渡される下田が、もともとは「茶牌料」名目で東福院へ寄付されたと記されている。問題となっているのは、この下田である。東福院が所持するこの耕地は、元来小作人によって耕作され、同院の地徳となっていた。ところが、村内人口の減少によって、「小作致すものもこれ無く」という状況になってしまう。こうした現状に直面した村方は、二つ目の傍線部が示す通り、相談のうえで一両二歩の金子《きんす》を「合力金」として付加し、惣右衛門へ譲渡するという結論に至った。

同文書には、興味深い内容が含まれている。先述の通り、千妙寺配下の祈禱寺院は、全体的な傾向として、檀徳よりも地徳に依存していた。所持耕地こそが、祈禱寺院の経営を支えるより所である。ところが、この地域の人口減少は、檀徳のみならず、頼みとする地徳収入にも大きな影響を与えていたのである。祈禱寺院が耕地を所持していても、それを耕作する小作人の存在がなければ、地徳につながらない。むしろ耕地の維持費がかかる。地徳が減少すれば、安定した寺院経営など望むべくもない。東福院の無住化は、当然の帰結である。

祈禱寺院の無住化と村方の負担

こうした状況は、村方をも困惑させたことだろう。傍線部の一つ目に、「去年中迄は惣村にて作附候」と記されているように、東福院が無住となり、所持耕地の耕作を請け負う小作人もみつからない状況で、作付けを含む耕地の維持管理が村方の負担となっていた。安永五（一七七六）年の「分限帳」では、東福院に朱印地や除地などは確認されない。つまり、この下田は年貢地として扱われている。このことは、「御年貢・諸夫銭・手間代迄も村方弁済ニ相成り」という文書内の文言からも知ることができる。

年貢地である以上、百姓の所持耕地同様に、領主からの年貢が賦課される。東福院が無住となっている状況では、耕作による収益が見込めないまま、負担のみが村方に残されることになる。村内行政を司る村役人として、放置することができない状況である。

一方で、小作人のなり手さえ不足するなか、金銭を支払い、この下田を取得する人物をみつけることは、困難を極めたことだろう。人口減少に直面している在村住民にとって、新たな耕地を背負い込むことは、大きな危険性をはらんでいる。わざわざ一両二歩もの「合力金」を添えて、問題の耕地を譲渡するということは、それだけのことをしなければ、譲渡人に名乗り出る者がいないという切実な状況を示しているといえるだろう。長期的に考えれば、「合力金」を付加してでも、耕作の責任を負う者を得た方が村全体の利益になる。名主らはそう考えたに違いない。

近世後期の常陸国農村の分析をした須田茂は、農村人口の減少→手余り地増大→小作関係の未成立→雇用賃金の高騰→自然災害の多発→人々の困窮化といった循環サイクルを提示している（同「近世後期常総農民における没落農民」）。この史料で確認した内容は、まさにこの循環そのものである。村内人口の減少が、小作人のなり手さえ不足するという状況を現出させ、寺院の地徳減収へとつながっていた。そして、地徳の減少こそが、寺院経営を不安定化させた主因なのである。祈禱寺院の無住化は、この循環サイクルを象徴する現象であり、かつその結末であった。

寺院収入全体に占める地徳の割合が大きい祈禱寺院の無住化は、村内人口の減少、あるいは農地の荒地化といった、当該地域の社会経済的状況を鮮明に反映している。寺院経営を分析することは、それぞれの地域がおかれた実情を浮かび上がらせる有力な方法である。特に祈禱寺院の場合には、寺檀制度の枠組みから外れた存在だけに、そうした状況をより如実に映し出している。

現住化の道を探る村方

ここで、改めて先の史料を振り返って欲しい。東福院が所持する耕地が村方の負担となっている現状についてである。同院が無住となっていなければ、村方が耕作の責任を負う必要はない。また、この下田を譲渡するために、一両二歩もの金額を村方から拠出することもなかっただろう。人口減少に直面するこの地域の村にとって、寺院の無住化は、さらなる金銭負担の種となっている。

加えて、先の史料の差出人に注目したい。ここには「西保末村東福院祈願檀中」が差出人として列記されるとともに、同村の名主も登場する。東福院が所持する下田が村方の負担となっているだけに、檀家組織の枠組みを超えて、村方全体の問題となっている。

このように、祈禱寺院の無住化は、村方にとって深刻な課題であった。こうした状況を打開するために、村方はどのような対応策を講じるのであろうか。次の史料をみてみよう（一部読み下し、『関城町史　史料編Ⅰ』）。

「（端裏書）嘉永元申年十二月　稲荷神宮寺《いなりじんぐうじ》留守居願い書」

恐れ乍ら書付ヲ以って願い上げ奉り候事

一、当国真壁郡稲荷新田神宮寺無住ニ付、村役人一同願い上げ奉り候、同寺儀、当七月中より無住ニ相成り、寺役等御当山にて御兼帯成し下だされ候段、有り難き仕合ニ存じ奉り候、就《つい》ては無住中は村方より夫々《それぞれ》寺番等付け置き、火元等念ヲ入れ罷り在り候処、追々月廻りニ相成り、世用繁多之折柄、何れニも行き届き兼ね、一同難渋仕り候、然ル処今般古内村《ふるうちむら》東光寺《とうこうじ》村田《むらた》三念寺《さんねんじ》移住仕り度由ニ付、夫々示談仕り候所、村方一同帰依仕り、依之何卒御慈悲を以って、同寺へ留守居仰せ付けられ下し置かれ候様願い上げ奉り候、弥《いよい》よ願い之通り仰せ付けられ下し置かれ候ハヽ、寺院相続ニ相成り候様一同精々仕るべく、偏ニ有り難き仕合ニ存じ奉り候、以上

嘉永元申年十二月　稲荷新田

檀方惣代　忠左衛門　㊞

村役人惣代　名主　平左衛門　㊞

智妙坊《ちみようぼう》　㊞

養雲院《よううんいん》様

これは、嘉永元（一八四八）年に稲荷新田村（現茨城県筑西市）の神宮寺檀方総代らが作成した文書である。本文の冒頭に、「神宮寺無住ニ付、村役人一同願い上げ奉り候」と記されていることから、神宮寺は無住であったことがわかる。「分限帳」で確認すると、同寺には葬祭檀家が存在せず、祈禱寺院であった。この祈禱寺院に関して、村役人が千妙寺塔中の養雲院に願い出ている。

願い出た具体的な内容は、以下の通りである。傍線部一つ目では、無住となっている神宮寺の「寺役」について、「御当山にて御兼帯」されていると記している。「御当山」とは、千妙寺の塔中で宛先となっている養雲院のことであろう。ここでいう「寺役」には、神宮寺住職が本来果たすべき加持・祈禱といった日常的な宗教活動に加え、同寺が所持する耕地の年貢負担なども含まれている。先ほどの東福院の事例で確認したような事態を回避するために、村方が本寺である千妙寺へ「寺役」の負担を願ったことが推測される。

さて、続けて傍線部の二つ目である。ここには、神宮寺が無住となっている状況のなかで、村人が「寺番」をしている様子がうかがえる。「火元等念ヲ入れ」という文言から判断すると、放火や失火などを含む火事対策のためといえるだろう。

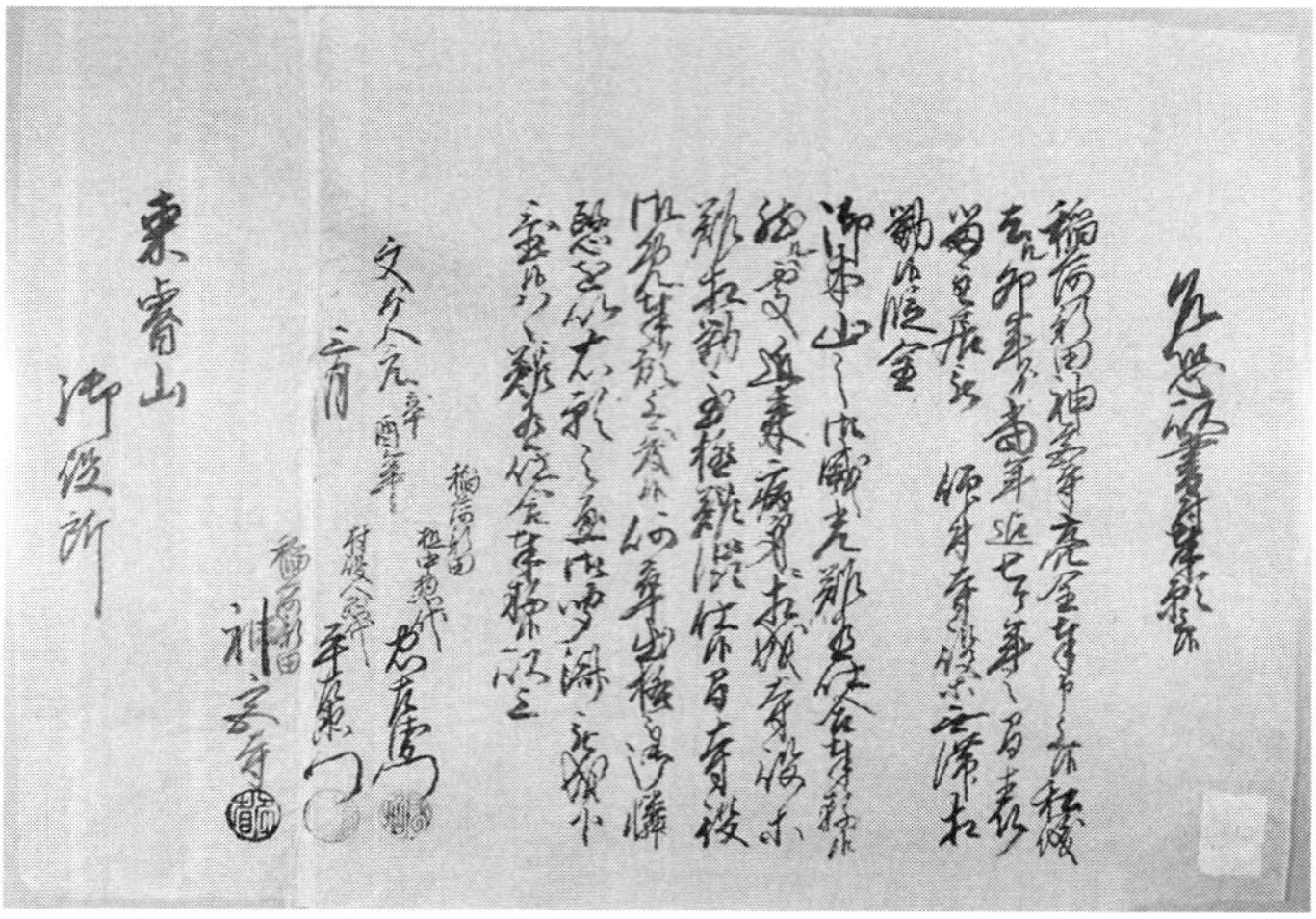

図５　稲荷新田神宮寺の無住化を伝える書状（千妙寺所蔵）

近世に生きる人々にとって、都鄙《とひ》の別を問わず、頻繁に発生する火災は日常生活の大きな脅威であった。また、放火が多いのもこの時代の特徴である。特に無住となっている寺院が村内に存在する場合、不審者の移入を招きやすくなり、放火や失火の可能性を高めることとなる。その対策が「寺番」である。無住となっている寺院境内地の巡回といったところだろうか。

さりとて村人も暇ではない。日々の生活に追われながらの「寺番」である。本来であれば、日を置かずに「寺番」を務めるべきところ、「追々月廻りニ相成り」、「何れニも行き届き兼ね、一同難渋」することとなった。「月廻り」と記されていることから、毎月一回の見回りをようやくこなしている現状である。そこで、神宮寺の本寺に対して稲荷新田村の人々が求めたことは、「留守居」の派遣である（三つ目の傍線部）。

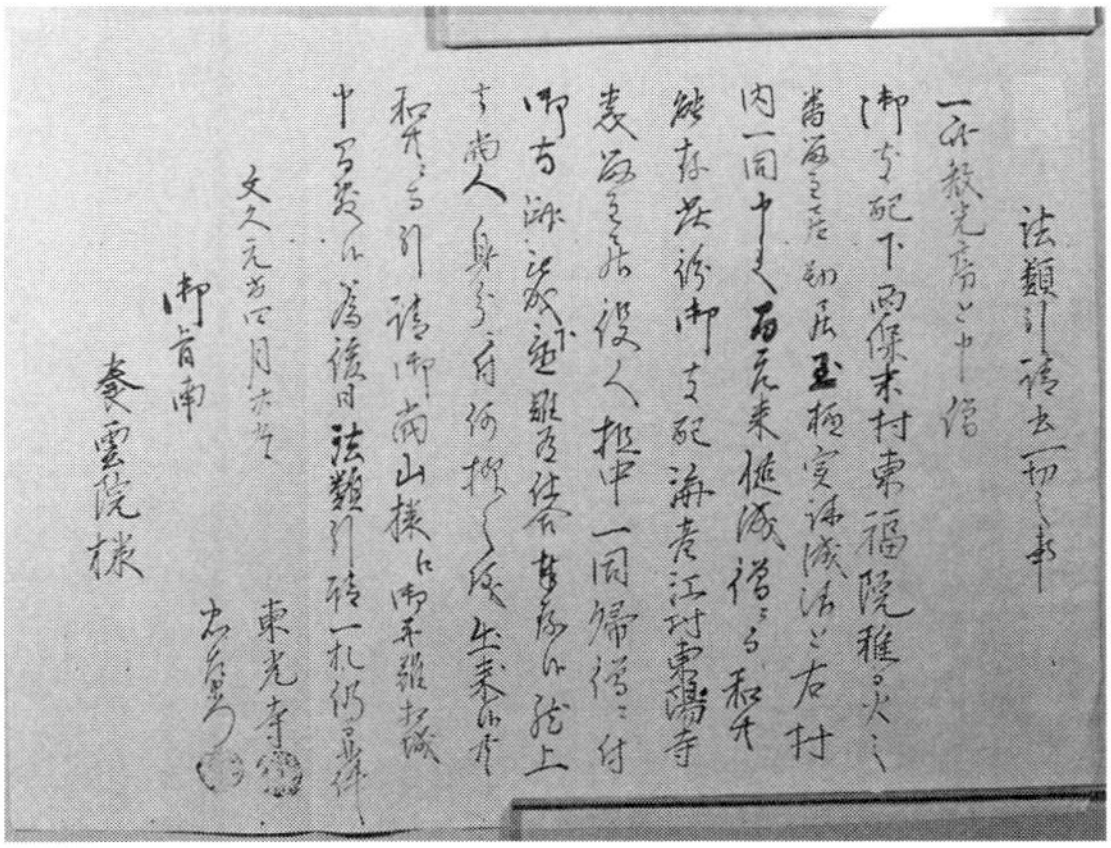

図６　東福院へ留守居派遣願い（千妙寺所蔵）

ここに記されている「留守居」とは、正式な住職ではない。住職が派遣されるのであれば、それが最善である。それができないのであれば、せめて留守居を置いて欲しい。これ以上、村民が交代で「寺番」を務めるのは限界である。とにかく堂舎の施設管理を委ねる人物が必要である。稲荷新田村の人々の本音は、こうしたところであろう。

現住化への方策

祈禱寺院が所持する耕地の年貢賦課にせよ、火元を管理するために必要となる「寺番」にせよ、その無住化によって村方は過重な負担を強いられていた。寺院の無住化は、それぞれの村にとって、望ましい状態ではない。かといって、祈禱寺院の経営が成り立たない以上、住職なり留守居の派遣を願うには、大きな障害が立ちはだかっている。また、祈禱寺院の増収が見込めない限り、住職となるべき僧侶が派遣されてきたとしても、それが恒久的な止住状態になることは難しい。村方としても、この点は先刻承知のはずである。

先の史料をいま一度確認すると、四つ目の傍線部には、村方の願い出が聞き届けられた場合、「寺院相続ニ相成り候様一同精々仕る」ことが示されている。祈禱寺院の経営が成り立つように、村方としても何らかの支援するという意味である。これは、たんなる抽象的な文言として理解すべきなのだろうか。あるいは、具体的な方策を用意しているのだろうか。次の史料をみてみよう（一部読み下し、『関城町史　史料編Ｉ』）。

（表紙）
「天保十四　常陸国真壁郡藤ヶ谷村寺地改帳　村役人　」

一、本寺　常陸国西河内郡下妻庄《にしこうちぐんしもつまのしょう》黒子郷千妙寺
　　　同国真壁郡藤ヶ谷村　東光院　高建

（中略）

一、同州同郡同村慈雲院《じうんいん》潤生寺《じゅんしょうじ》　大乗院　褒見

（中略）

一、同州同郡同村行家《ぎょうや》　正行院

（中略）

右之外寺持田畑御年貢地之儀は、先年無住ニ相成り候節、支配役人へ引き渡し申し候間、已来住職相定り、御入用之節ハ、御返し申すべく候筈、猶又此度正行院修覆出来、追々御住寺（ママ）相定まり候ハヽ、御扶持米《ふちまい》として米三俵宛《ずつ》、村役人より相違なく差し上げ申すべく候、且つ田畑荒地之儀も、村方之者情々（ママ）伐起仕り、年々御収納米永上納ニ相成り候様、村役人共并ニ旦中之者一同仕り差し上げ奉り候処、相違御座なく候、後証の為、取り調べ書き上げ奉り候処、依って件の如し

山内総左衛門支配所

天保十四年　名主　市郎右衛門㊞

閏九月日　組頭《くみがしら》　為　治㊞

（他八名略）

東睿山千妙寺

御役寺心性院《しんしょういん》様

これは、天保一四（一八四三）年に藤ヶ谷村の名主らが千妙寺に宛てて作成した文書である。同村の祈禱寺院三ヵ寺のうち、正行院のみに住職名がみられない。同院は無住状態で、他の二ヵ寺には現住が存在したことになる。先に確認したように、藤ヶ谷村では、文

政四（一八二一）年時点で三ヵ寺とも無住となっていた。二〇年余りの時を経て、こうした状態は改善されたことになる。

史料の内容をみてみよう。傍線部では、無住となっている正行院について、住職が派遣されてきた場合には、「御扶持米として米三俵宛、村役人より相違なく差し上げ」ることが約束されている。また、この時点で荒れ地なっている耕地についても、「御収納米永」が「上納」ができるように、村役人と檀家が協力するとしている。

ここで注目したいのは、この申し出が「村役人」によってなされている点である。米一俵が四斗入りとして、毎年一石二斗の支援をするとともに、所持耕地からの「御収納」に関しても、「旦中」（檀家）とともに「村役人共」が共同で責任を負う。この意味は大きい。正行院の祈禱檀家のみならず、村として、現住化への具体的な協力を惜しまないということになろう。村役人から拠出される米一石二斗に加え、耕地からの地徳と宗教活動による収入を合計すれば、現住化につながる可能性が出てくる。

ここに記されている名主の「市郎右衛門」らが、正行院の祈禱檀家であるか否かは不明である。「旦中」と「村役人」が別記されていることに鑑みれば、彼らが正行院の祈禱檀家ではない可能性が高い。いずれにせよ、同院の無住化は、祈禱檀家組織のみならず、村方全体の課題として取り組んでいることが明瞭であろう。

原則として、個別寺院の経営に関する責任は、それぞれの寺院が所属する教団組織や住職が負っている。しかしながら、祈禱寺院の無住化が村全体に負の影響を与える以上、村を預かる名主らも積極的に関与せざるをえない。それだけ切迫した問題なのである。こうした事態に際して、村役人は、やみくもに住職の派遣を願うのではなく、住職が止住するための具体的な提案をしている。

これまでの研究では、祈禱寺院にも葬祭寺院同様に檀家組織が形成されていたことが知られている（朴澤直秀「祈禱寺檀関係と宗判寺檀関係」）。無住化した寺院に対して、檀家組織がこれに関与するのは当然であろう。これに加えて、檀家組織の枠組みを超えた行政単位としての村が、ここに関わっている点を見逃すことはできない。寺院の経営環境は、それを取り巻く重層的な組織のもとで維持されている。

無住化を回避する「心性」

祈禱寺院の住職は、原則として寺請に関与しない。もちろん、これには例外があり、近隣に葬祭寺院が存在しない場合には、実質的には祈禱寺院の住職が寺請に関わっていることもありうる。その場合でも、各祈禱寺院の檀家は、別に葬祭寺院をもっており、その住職が寺請の最終決定者である。寺請のみが、人々と寺院を結びつけているのであれば、祈禱寺院に存在理由はない。極論をいえば、祈禱寺院はこの時代に不用である。

しかしながら、ここまでの事例を確認してきてみえてくることは、堂舎施設への住職止住を強く願う人々の心性ではないだろうか。その背景には、ここまでに確認したように、無住化した堂舎が火元となって村を混乱させるような事態を回避したいという、施設管理上の問題もあったことだろう。しかし、それだけではない。

堂舎という宗教施設があり、仏像をはじめとする仏具が安置され、そこに住職がいる。こうした条件が揃って、寺院ははじめて成り立つのである。言い換えれば、無住状態にある寺院は、経営体としての機能を失っているということのみならず、信仰の対象としてもその条件を満たしていないということになるだろう。寺院が安定した経営を維持することで、人々の信仰的欲求が満たされる。このように解釈することも可能である。

この時代の人々がもつ心性は、無住状態を回避し、現住化への道を探ろうとするその過程にこそみることができる。近世の祈禱寺院は、人々のこうした心性によって支えられているといえるのかもしれない。

住職の引き継ぎも金次第

住職の止住と「後住問題」

ここまでに確認したように、寺院経営の実態を考えるにあたって、住職の止住状態は一つの指標となる。寺院経営が何らかの要因によって不安定化している場合、寺院の無住化が地域的現象として現出する。ここではさらに、こうした現象を掘り下げて分析してみよう。

ところで、寺院の無住化は、どのようにして生ずるのであろうか。結論をいえば、寺院の無住化とは、後住のなり手が存在しないということと同意であるといえるだろう。住職の死や退寺に際して、後住の決定に支障が出ている状態である。寺院経営の主体となる住職は、後住の再生産過程が円滑に維持されることによって、はじめてその止住が可能となるのである。後住の決定過程に慢性的な障害が生じていた場合、寺院の無住化がその時期、

図7　明星院（埼玉県桶川市）

あるいはその地域における特徴的な現象として広く顕在化する。これを「後住問題」と呼んでおこう。

なぜ、後住のなり手が不足するのか。そして、後住のなり手不足と寺院経営は、どのように関連するのか。次に武蔵国《むさしのくに》の新義《しんぎ》真言《しんごん》宗《しゅう》寺院を事例として、この課題に取り組んでみたい。

明星院

現在の埼玉県桶川《おけがわ》市に立地する明星院《みょうじょういん》は、近世には新義真言宗寺院として、真言宗関東十一檀林の一つに数えられた武蔵国の有力寺院である。檀林とは、各宗派に設けられた僧侶の養成機関を指す。現代でいえば、宗門大学の仏教学部といったところであろうか。呼称こそ異なるものの、他宗派でも同様の機関を有している。

明星院も近世を通じて多くの僧侶を輩出した。また、京都の智積院《ちしゃくいん》を本山として形成された新義真言宗寺院の田舎本寺として、この地域の同宗寺院をまとめる役割も果たしている。

明星院に関連する史料は、現在埼玉県立文書館に寄託され、研究のために一般にも公開されている。明星院文書は、同院に関連する史料のみならず、その配下寺院に関しても、多数の古文書を伝来させている。千妙寺同様に、田舎本寺の史料としての特徴を有する文書群である。同史料を利用することで、この地域の新義真言宗寺院の実態に迫ることとしよう。

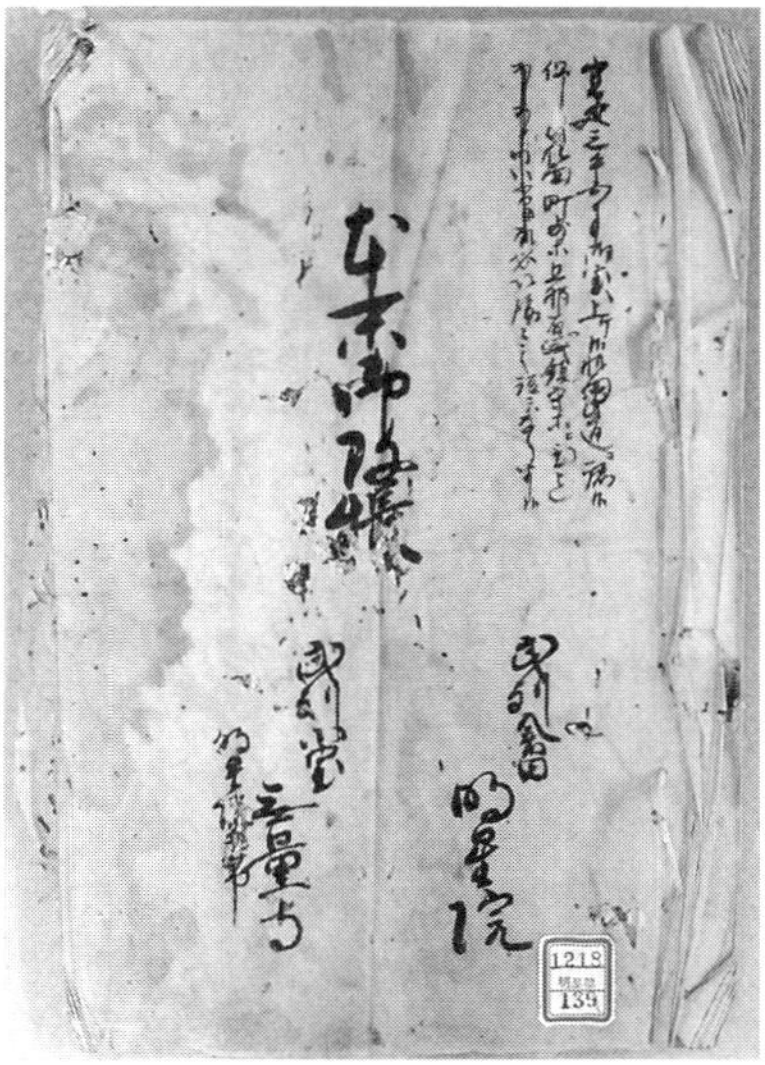

図８　明星院本末帳（明星院所蔵，埼玉県立文書館寄託）

「本末帳」の分析

明星院配下の寺院を分析するにあたって、まずはその全体を概観しておきたい。

明星院文書には、近世中期の寛延三（一七五〇）年に作成された「本末帳」が現存している。この史料には、明星院を含めて合計八二ヵ寺が記載されており、そのうち七九ヵ寺が同院配下の寺院である。その内容は、寺院名、住職が止住している場合には住職名、寺院所在地、一部寺院の檀家数、朱印地・除地・年貢地、寺格などであり、明星院の配下にある寺院に関しての基礎的な情報を最もさかのぼって確認することができる。次にあげるのは、その一例である（明星院文書）。

「（表紙）
武州《ぶしゅう》会田《あいだ》明星院本末御改帳　武州小室《こむろ》無量寺《むりょうじ》　明星院兼帯　」

（中略）

右明星院末寺
　地頭《じとう》春日□□（虫損）三郎
　武州足立郡内宿村《あだちぐんうちじゅくむら》
新義真言宗　金宝山地蔵寺《きんぽうさんじぞうじ》　東光院《とうこういん》　浄月　㊞

一、御除地　一町余　　一、住坊　東西十間　南北八間
一、本尊　地蔵菩薩　　一、境内鎮守一社五尺四方　氷川明神《ひかわみょうじん》
一、開基　法印道鈍《ほういんどうじゅん》　　一、門徒二箇寺　内一箇寺無住
一、滅罪檀那三十軒　　一、境内二町余　御除地

（後略）

いずれの寺院についても、ここに提示した史料とほぼ同様の記載形式を採用している。

このことから、事前に用意された雛形をもとに作成したものと考えてよい。この史料を表化して、全体の傾向をつかむところから分析を始めたい。次に表18と表19を用意した。二つの表に分割したのは、檀家に関する記載内容の有無による。まずは、檀家に関する情報を得られる表18の内容から検討していこう。

寛延三年の「本末帳」で、檀家数に関しての記載がある寺院は、全体の約二割に相当する一七ヵ寺である。これら一七ヵ寺については、檀家数が切りのよい数字となっているので、概数であると判断されよう。檀家の属性は、醫王院《いおういん》（No.10）および南蔵院《なんぞういん》（No.17）の二ヵ寺を除くと、すべて葬祭檀家（史料上は「滅罪檀那」）である。これらの寺院については、葬祭寺院であると確定してよい。その最多の寺院は二〇〇軒、最少が三〇軒で、葬祭檀家数の平均値は八四軒程度である。

ただし、五〇軒以下の葬祭檀家しかもたない寺院が全寺院数の半数以上を占めるなど、一〇〇軒以上の葬祭檀家をもつ四ヵ寺を除いて、檀家収入で寺院経営を維持するためには、やや心許ない数字である。こうした寺院は、どのように経営を維持していたのだろうか。ここはやはり、所持耕地の把握もあわせて進める必要があるだろう。

そこで、葬祭檀家をもつ一五ヵ寺の所持耕地に目を転じてみたい。前掲史料で例示した東光院（No.2）の事例では、「一、境内二町余　御除地」と記されており、境内地が除地となっている。表18では、こうした境内地を除いた耕地のみをとりあげている。

同表に登場する一七ヵ寺のうち、一四ヵ寺については朱印地・除地・年貢地を所持していることが判明する。例えば、西蔵院《さいぞういん》（№14）の場合には、葬祭檀家数こそ五〇軒であるが、除地と年貢地あわせて四石分の耕地を有している。

このように、葬祭檀家数のみでは経営採算線を越えていなくても、朱印地や年貢地などを所持しており、寺院経営を支えるための収入手段を確保している。檀家収入に加え、所

所持耕地			備考
朱印地	除地	年貢地	
10石			田舎本寺
	1町歩		門徒2ヵ寺
3石			門徒12ヵ寺
10石			門徒4ヵ寺
			門徒19ヵ寺
	1町歩		門徒9ヵ寺
		9石	門徒1ヵ寺
			門徒1ヵ寺
	1石		
		9石	「息災檀那」
		9石	
		5反歩	
		10石	
	1石	3石	
	1石		
		4反歩	「息災檀那」

表18　寛延３年の明星院配下寺院の檀家数

	寺院名	所在地	寺格		檀家		住持	
			末寺	門徒・又門徒	滅罪	祈願	現住	無住
1	明星院	足立郡倉田村			200		○	
2	東光院	足立郡内宿村	○		30		○	
3	護摩堂	埼玉郡尾ヶ崎村	○		80		○	
4	大光寺	埼玉郡長宮村	○		100		○	
5	一条院	埼玉郡三宮村	○		200		○	
6	正法院	足立郡中野村	○		200		○	
7	惣持院	足立郡辻村	○		30		○	
8	圓蔵院	足立郡中川村	○		50		○	
9	西福寺	埼玉郡平野村	○		70		○	
10	醫王院	足立郡坂田村	○			50	○	
11	龍山院	足立郡上村	○		50		○	
12	西光寺	足立郡小針村	○		50		○	
13	星久院	埼玉郡駒崎村	○		60		○	
14	西蔵院	足立郡羽貫村	○		50		○	
15	放光院	足立郡下上尾村	○		50		○	
16	密蔵院	足立郡平塚村		○	50		○	
17	南蔵院	足立郡桶川町		○		100	○	
合計			15	2			17	0

(註1) 埼玉県立文書館寄託「明星院文書」文書番号139より作成.
(註2) 備考中の「息災檀那」とは, 祈禱檀家（祈願檀家）と同意である.

持耕地からの地徳を得ることによって経営を維持していたものと考えられよう。

次に表19を確認しよう。この表に示された寺院に関しては、檀家に関する記載がない。ただし、先掲表18が葬祭檀家中心の記載であったことを考えると、これら六三ヵ寺については、葬祭檀家はなくとも祈禱檀家を有している可能性がある。この点については、のちほど詳述することとしよう。

表19でさらに注目すべき点は、全体の九五％以上にあたる六〇ヵ寺で現住を確認することができる点である。この事実からは、寛延三年時点においては、葬祭檀家を有していなくても、住職の止住には大きな影響を与えていないという結論を得ることができるだろう。ただし、表18に登場する寺院とは異なり、六三ヵ寺中五〇ヵ寺で所持耕地を確認することができない。この割合は、全体の八割近くとなる。これがどれだけ実態を反映させているのか。さらなる検討が次に求められる。

村鎮守別当寺としての新義真言宗寺院

近世における寺院の経営環境を分析しようとするとき、それを取り巻く宗教的世界を考慮する必要がある。この時代、各村におかれた村鎮守は、一村内の村人全体がその氏子となることで、村としての一体性を維持する象徴であった。特に村鎮守の祭礼は、氏子総代が中心となってその執行にあたり、村の共同性を確認する重要な行事であったことが知られている。

表19　寛延３年の明星院配下寺院の現住・無住

	寺院名	所在地	寺格		住持		所持耕地		
			末寺	門徒・又門徒	現住	無住	朱印地	除地	年貢地
1	妙楽院	埼玉郡高出村	○		○		1石		
2	正眼寺	足立郡井戸木村		○	○			1石	
3	龍眼院	足立郡上村		○	○			1石	
4	来星院	足立郡上村		○	○			1石	
5	薬師寺	足立郡領家村		○	○				
6	寶蔵寺	足立郡上平野村		○	○				
7	地蔵院	足立郡小針村		○	○			1石	
8	福性院	埼玉郡閏戸村		○	○				
9	光明寺	埼玉郡閏戸村		○	○			1石	
10	源性寺	埼玉郡千駄野村		○	○			1石	
11	梅松院	足立郡芝村		○	○				5石
12	観喜寺	埼玉郡高野村		○	○				
13	神宮寺	埼玉郡貝塚村		○	○			3反歩	
14	城観寺	埼玉郡城村		○	○				
15	放光院	（虫損）		○		○			
16	積善院	足立郡町屋村		○		○			
17	薬王院	足立郡内宿村		○		○			
18	東福院	埼玉郡小林村		○	○				
19	善念寺	埼玉郡笹久保村		○	○				
20	吉祥寺	埼玉郡笹久保村		○	○				
21	安養院	埼玉郡笹久保村		○	○				
22	威徳院	埼玉郡笹久保村		○	○				
23	寶蔵寺	埼玉郡笹久保新田村		○	○				
24	光明院	足立郡高畑村		○	○				
25	知性院	埼玉郡尾ヶ崎村		○	○				
26	正福寺	埼玉郡尾ヶ崎新田村		○	○			1町歩	
27	圓福寺	埼玉郡鈎上村		○	○			3反歩	
28	成就院	埼玉郡［虫損］		○	○				
29	保寿院	埼玉郡鈎上新田村		○	○				
30	西光院	埼玉郡平方村		○	○				
31	正光院	埼玉郡大野嶋村		○	○				

32	寶蔵寺	埼玉郡増戸村		○	○				
33	福蔵院	埼玉郡増富村		○	○				
34	東光院	埼玉郡下蛭田村		○	○				
35	密蔵院	埼玉郡三ノ宮村		○	○				10石
36	理性院	埼玉郡大森村		○	○				
37	圓乗院	埼玉郡須賀村		○	○				
38	寶蔵院	埼玉郡大戸村		○	○				
39	大聖院	埼玉郡大戸村		○	○				
40	観音寺	埼玉郡大谷村		○	○				
41	正福寺	埼玉郡大谷村		○	○				
42	光明院	埼玉郡大口村		○	○				
43	観秀院	埼玉郡増長村		○	○				
44	普門院	埼玉郡大野嶋村		○	○				
45	師命院	埼玉郡大道村		○	○				
46	東養寺	埼玉郡大竹村		○	○				10石
47	延命院	埼玉郡忍間村		○	○				
48	等覚院	埼玉郡忍間村		○	○				
49	西蔵院	埼玉郡忍間村		○	○				
50	能密寺	埼玉郡忍間村		○	○				
51	東光院	［虫損］		○	○				
52	西光院	埼玉郡大沢町		○	○				
53	正福寺	足立郡蓮沼村		○	○				
54	最勝院	足立郡新井村		○	○				
55	真福寺	足立郡大和田村		○	○				
56	正雲寺	足立郡砂村		○	○				
57	薬王寺	足立郡嶋村		○	○				
58	寶性院	足立郡白岡村		○	○				
59	長久寺	足立郡［虫損］山村		○	○				
60	西光院	足立郡中丸村		○	○				
61	真蔵院	足立郡御蔵村		○	○				
62	順行院	足立郡辻村		○	○				
63	寶乗院	足立郡中川村		○	○				
合　計			1	62	60	3			

（註1）埼玉県立文書館寄託「明星院文書」文書番号139より作成.
（註2）№1「妙楽院」の所持耕地は，ほかに１石あり.

農村を例に考えてみよう。作付けや刈り入れといった農繁期には、単婚小家族を中心とする家族労働のみでは、すべての作業をまかないきれない場合がある。農作業にはそれぞれ適切な時期があることを考えると、収穫量にも影響する大きな問題である。そこで農村では、村人相互の労働力を貸し借りし、協同でこれにあたっていた。地域によっては、これを「結《ゆい》」、あるいは「もやい」と呼称している（佐藤常雄「農業技術の展開と村落生活」）。

一つの村を維持していくためには、このような協業が欠かせない。全村をあげて村鎮守の祭礼を執り行い、多くの村で初穂料《はつほりょう》を村入用として負担している背景には、神社が村の共同性を象徴する精神的支柱であるとともに、目にみえない実利的な理由が存在したことによる（高埜利彦「近世の村と寺社」）。

こうした村鎮守は、神主が管理している場合もある。他方で神仏習合が色濃く反映されたこの時代には、寺院の住職がこれを担うことも多かった。これを「別当《べっとう》」という。圭室文雄が検討した水戸藩《みとはん》の例では、元禄九（一六九六）年時点において、同藩領内の村鎮守五九三社のうち、半数に近い二九一社に別当がおかれ、各社を管理していた（圭室文雄「江戸時代の村鎮守の実態」）。特に、天台宗や真言宗、あるいは修験《しゅげん》といった密教《みっきょう》系の宗派で、村鎮守との結びつきが強い傾向がみられるという。

明星院配下寺院は、ここにあげられた真言宗に属している。これらの寺院が各村の村鎮守別当となり、社会的な存立基盤を確保していることが想像されるだろう。加えて、初穂料をはじめとする収入も期待することができる。つまり、寺院収入のなかに神社からの収入を取り込むことで、経営を安定させていた可能性があるのではないだろうか。

次の表20は、こうした点を確認するために作成した。近世中期の天明七（一七八七）年の「本末改帳」をもとにして、現住・無住の別と村鎮守別当との関連を示している。同表を検討すると、両者の関連はどのようにみえてくるのだろうか。全八〇ヵ寺のうち、六一ヵ寺で村鎮守の別当寺となっている。その割合は七六％あまりとなり、四ヵ寺のうち三ヵ寺の割合で、それぞれの住職が村鎮守の別当を兼ねている計算になる。

表20　村鎮守別当寺と現住・無住の別

	村鎮守別当寺	村鎮守非別当寺	合計
現住	40(80%)	10(20%)	50
無住	21(70%)	9(30%)	30
合計	61	19	80

（註1）埼玉県立文書館寄託「明星院文書」文書番号138より作成.
（註2）括弧内の数字はそれぞれ現住寺院50ヵ寺，無住寺院30ヵ寺に占める割合を示す.

より詳細な分析を試みよう。同表で現住が確認される五〇ヵ寺のうち、村鎮守の別当寺となっているのが八〇％、無住となっている三〇ヵ寺では、村鎮守の別当寺となっているのが七〇％である。現住寺院と無住寺院の母数を考慮すると、両者には決定的な差異がない。明星院配下の寺院は、確かにその多くが村鎮守別当となっているものの、そのことが各寺院の安定的な経営と直接的に結びつくものではないといえるだろう。

無住化の急増

先ほどの表20について、ここでもう一つ確認しておきたい事実がある。寛延三（一七五〇）年の史料では、無住となっている寺院はごく限られていた。その数は、全八三ヵ寺のうち、わずか三ヵ寺である（表19参照）。ところが、表20のもととなった天明七（一七八七）年の史料では、これが三〇ヵ寺にまで増加している。この三七年の間に、明星院配下の無住寺院数が一〇倍にまで急増したことになる。檀家数の減少によるものなのか、作徳の減収によるのか、あるいは両者がともに関連しているのか、その要因は不明である。いずれにせよ、こうした状況は、寺檀制度の根幹を揺るがす事態につながりかねない。各村に暮らす人々にとって、近隣の寺院が無住化するということは、寺請にも大きな支障をもたらすのではないだろうか。

次の表21は、天明七年の史料をもとにして、寺格別に現住・無住の寺院数を示している。既述したように、新義真言宗寺院の場合には、寺格によって住職による寺請執行が可能か否かがわかれている。再度確認しておくと、寺請ができる住職によって営まれる寺院が「末寺」で、これが原則として許されていないのが「門徒」である。前者を葬祭寺院、後者を祈禱寺院と言い換えることもできる。両者を区別したうえで、無住化の進行度合いを確認することとしよう。

表21　寺格別にみる現住・無住（天明7年）

	住持の止住		合計
	現住	無住	
末寺	20	1	21
門徒	31	28	59
合計	51	29	80

（註）埼玉県立文書館寄託「明星院文書」文書番号138より作成.

この表21で確認すると、「末寺」の寺格をもつ二一ヵ寺のうち、二〇ヵ寺で現住となっている。現住率は約九五％で、無住となっているのはわずか一ヵ寺のみである。この事実からは、寺請の制度的な体制に大きく影響しているとは考えられない。これに対して、「門徒」寺院では、五九ヵ寺のうち三一ヵ寺について現住となっている。現住率は五〇％程度に過ぎない。言い換えれば、約半数の「門徒」寺院が無住化していることになる。寺格別に無住化の実態をみた場合、両者の差は歴然であろう。

この時期において、武蔵国における新義真言宗寺院の無住化は、確実に進行している。ただし、その詳細をみていくと、そうした現象が表出した、という文言では単純に片付けられないことが明らかである。無住寺院が急増したようにみえるのは、寺檀制度の枠組みから外れた「門徒」寺院にその原因がある。

葬祭寺院は従前の通り、無住化を免れている。祈禱寺院の無住化こそが、この地域における新義真言宗寺院全体の非現住率を押し上げる要因となっていた。寺格の相異が、住職の止住といった寺院経営の根幹に多大な影響を与えていた事実を注視する必要がある。

近世後期の無住化現象

近世中期に急激に発現した「門徒」寺院の無住化は、これ以降どうなってしまうのか。さらに踏み込んで知りたいところである。次の史料をみてみよう（一部読み下し、明星院文書）。

（表紙）
「起立書　城村《じょうむら》　城観寺《じょうかんじ》」

御室御所御直末　武州足立郡倉田村《くらたむら》

明星院門徒

一、新義真言　米津梅二助知行所　同州埼玉郡城村　施無畏山《せむいさん》　城観寺

一、高壱石

一、境内弐反歩　御年貢地　東方三拾間　西方三拾間
南方弐拾間　北方弐拾間

一、住坊　間口六間　横三間

一、本尊弥陀　開基法印深盛《しんせい》

一、祈願　四拾軒

右之通り、相改め候処、相違御座なく候、以上

武州埼玉郡城村城観寺無住ニ付兼帯

嘉永元申年八月日　隣寺　徳性寺《とくしょうじ》㊞

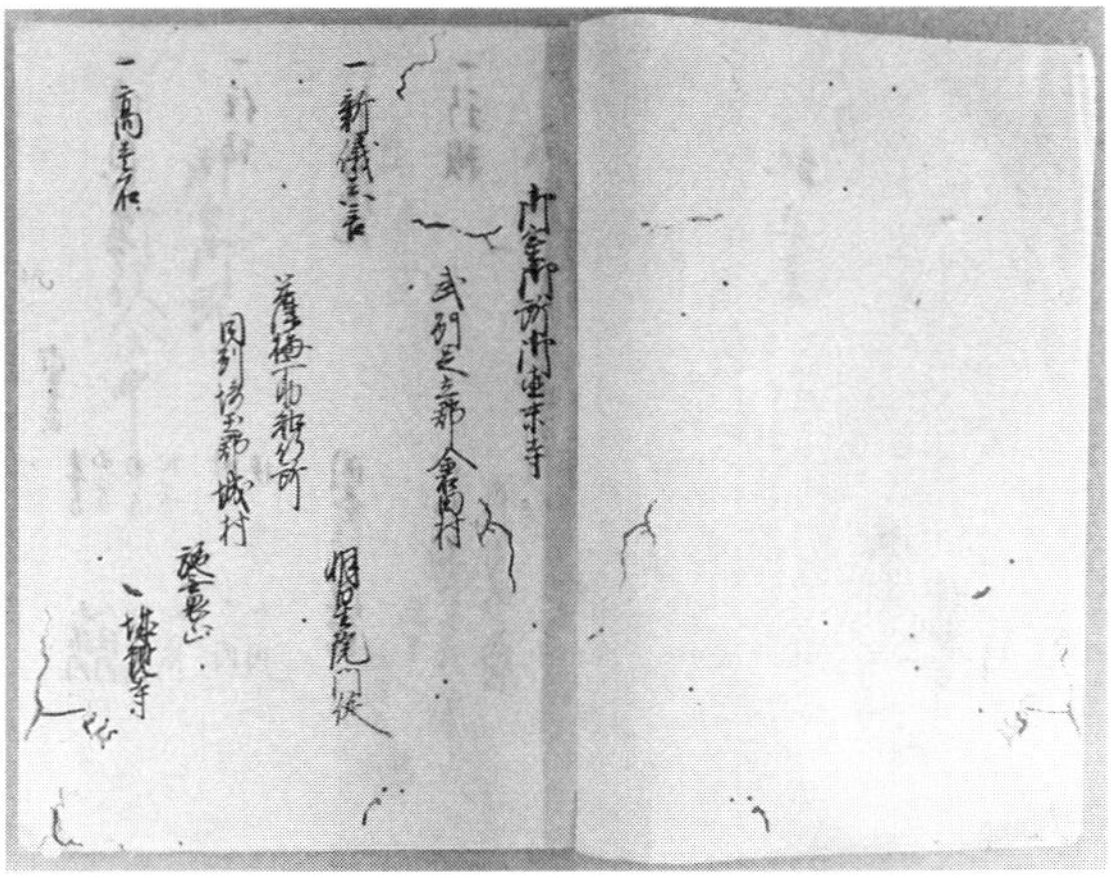

図９　城観寺起立書（明星院所蔵，埼玉県立文書館寄託）

御室御所《おむろごしょ》御役人御中

明星院の文書群には、ここに示した「起《き》立書《りゅうしょ》」と同題をもつ史料が多数存在する。「起立」という語を『日本国語大辞典』で確認すると、「寺社などを建立、造営すること」とある。「起立書」とは、その寺院の成り立ちについて記した文書、ということになるのだろう。各寺院の基本事項を示した文書であると位置づけられる。

内容をみると、寺院名とその所在地、寺格、所持石高、堂舎、本尊、そして檀家数の記載がある。差出人の箇所には、「武州埼玉郡城村城観寺無住ニ付兼帯　隣寺　徳性寺」と記されており、現住・無住の様子まで知ることができる。また、宛先に注目すると、「御室御所」となっている。

一般に真言宗で「御室」といえば、京都の仁和寺《にんなじ》が想像されよう。ただし、仁和寺は古《こ》義《ぎ》真言宗であり、明星院が属している新義真言宗とは異なる。この点に違和感を残すが、新義真言宗教団全体としてみると、例えば、新義真言宗の学侶に対する僧官の任免権は、新義真言宗教団内では完結せず、古義真言宗の仁和寺や大覚寺《だいかくじ》住職の手に委ねられていた（髙橋秀慧「近世新義真言宗の官位に関する基礎的研究」）。この点をふまえれば、仁和寺の住職が中心となって、新義真言宗各寺院の実態を把握するためにこうした文書の作成を命じたことが想像される。

さて、ここで話を戻そう。先に提示したのは、近世後期の嘉永元（一八四八）年に作成された「起立書」である。幸いなことに、この年にほぼ同様の形式で作成されたものが一九冊現存し、計三六ヵ寺についての情報を得ることが可能である。次に表22を提示して、寺格別に住職の止住実態を確認していこう。

まず「末寺」寺院については、現住三ヵ寺、無住四ヵ寺という内訳となる。わずか七ヵ寺を確認するのみであり、統計的に有意であるとは言い難い。ただし、無住が現住を上回っている事実を指摘しておくことは必要であろう。さらに、個別寺院の詳細を精査すると、№6の等覚院《とうかくいん》は、祈禱檀家が二〇軒あるのみで、葬祭檀家・所持耕地ともに確認されない。これでは無住化も当然である。

ただ、№4の照光院《しょうこういん》は、年貢地六石余り、祈禱檀家三〇軒で現住となっているのに対

檀家数		現住・無住		無住代印	備　考
滅罪檀家	祈禱檀家	現住	無住		
60	70	○			明星院末寺 配下門徒1ヶ寺
75	70		○	本寺大光院	埼玉郡長宮村大光寺末寺
200	30	○			明星院末寺 配下門徒4ヶ寺
0	30	○			埼玉郡山三之宮村一条院末寺
0	30		○	本寺一条院	埼玉郡山三之宮村一条院末寺
0	20		○	本寺一条院	埼玉郡山三之宮村一条院末寺
60	38		○	本寺一条院	埼玉郡山三之宮村一条院末寺
0	40		○	隣寺徳性寺	明星院門徒
0	28	○			明星院門徒
0	42	○			明星院門徒
0	20	○			埼玉郡長宮村大光寺門徒
0	3		○	本寺大光寺	埼玉郡長宮村大光寺門徒
0	28		○	本寺大光寺	埼玉郡長宮村大光寺門徒
0	20		○	本寺大光寺	埼玉郡長宮村大光寺門徒
0	13		○	本寺惣持院	足立郡辻村惣持院門徒
0	9		○	本寺正法院	足立郡中野村正法院門徒
1	46		○	本寺正法院	足立郡中野村正法寺門徒
0	27		○	本寺正法院	足立郡中野村正法寺門徒
0	28	○			足立郡宿村無量寺門徒
0	26		○	名　主	明星院門徒
0	30		○	名　主	明星院門徒
0	27		○	本寺一条院	埼玉郡山三之宮村一条院門徒
0	90		○	本寺一条院	埼玉郡山三之宮村一条院門徒
0	11		○	隣寺大聖院	埼玉郡山三之宮村一条院門徒
0	0		○	隣寺大聖院	埼玉郡山三之宮村一条院門徒
0	38	○			埼玉郡山三之宮村一条院門徒
0	31		○	本寺一条院	埼玉郡山三之宮村一条院門徒
1	35	○			埼玉郡山三之宮村一条院門徒

表22 「起立書」にみる明星院配下寺院（嘉永元年）

	文書番号	寺院名	所在地	寺格		所持耕地		
				末寺	門徒	朱印	除地	年貢地
1	228	圓蔵寺	足立郡中川村	○			4反3畝22歩	
2	234	西福寺	埼玉郡平野村	○			3反8畝歩	
3	239	大光寺	埼玉郡長宮村	○		10石		
4	242	照光院	埼玉郡大澤町	○				6石3斗6升5合
5	242	東養寺	埼玉郡大竹村	○				12石8合
6	242	等覚院	埼玉郡忍間村	○				
7	242	普門院	埼玉郡大野嶋村	○			3反歩	1石1斗5升
8	227	城観寺	埼玉郡城村		○			1石
9	229	神宮寺	埼玉郡貝塚村		○		5反28歩	
10	230	福生院	埼玉郡中閏戸村		○		1反歩	
11	231	福蔵院	埼玉郡増冨村		○		1反8畝13歩	
12	231	正光院	埼玉郡大野島村		○			
13	231	寶蔵院	埼玉郡増戸村		○			
14	231	東光院	埼玉郡下蛭田村		○		5反5畝24歩	
15	232	順行院	足立郡石打		○			
16	233	真蔵院	足立郡御倉村		○		6反歩	
17	235	西光院	足立郡中丸村		○		2反歩	
18	236	最勝院	足立郡新井村		○		5畝歩	
19	237	薬王院	足立郡宿村		○			
20	238	正眼寺	足立郡井戸木村		○		4斗6升2合	
21	240	寶蔵寺	埼玉郡上平野村		○			
22	242	寶蔵院	埼玉郡三之宮村		○		4反7畝3歩	14石
23	242	利生院	埼玉郡大森村		○		3反8畝歩	6石6斗6升
24	242	圓乗院	埼玉郡須賀村		○		1反6畝歩	3石6斗8升9合
25	242	寶蔵院	埼玉郡大戸村		○		8畝歩	3石9斗2升6合
26	242	大聖院	埼玉郡大戸村		○		2反1畝歩	1石6斗8升7合
27	242	観音寺	埼玉郡大谷村		○		4反20歩	1石6斗4升7合
28	242	正福寺	埼玉郡大口村		○		1反8畝歩	6石6斗7升8合

0	14		○	隣寺正福寺	埼玉郡山三之宮村一条院門徒
0	30		○	本寺一条院	埼玉郡山三之宮村一条院門徒
0	0		○	隣寺正福寺	埼玉郡山三之宮村一条院門徒
0	0		○	隣寺正福寺	埼玉郡山三之宮村一条院門徒
0	0		○	本寺一条院	埼玉郡山三之宮村一条院門徒
0	28		○	隣寺照光院	埼玉郡山三之宮村一条院門徒
0	0		○	隣寺照光院	埼玉郡山三之宮村一条院門徒
0	0		○	本寺一条院	埼玉郡山三之宮村一条院門徒

し、№5の東養寺《とうようじ》は年貢地一二石、祈禱檀家三〇軒で無住となっている。このあたりは、所持耕地の規模や檀家数の多寡を基準として現住と無住の境界線を引くことは難しそうである。葬祭檀家二〇〇軒を抱え、さらに朱印地一〇石を有する№3の大《だい》光寺《こうじ》のように、盤石な経営基盤をもつ寺院を除いて、現住と無住の境目が流動化している。言い換えれば、葬祭寺院であっても、それらを取り巻く社会経済的な環境によって、容易に無住寺院へと転落してしまう可能性を秘めている。

　次に「門徒」寺院の検討に移ろう。この表で確認される計二九ヵ寺のうち、現住が認められるのはわずか六ヵ寺にとどまっている。この割合は、全体の二割程度に過ぎず、残りの二三ヵ寺は無住である。天明七（一七八七）年時点での無住寺院は、全体の約半数であったことに鑑みれば、この約六〇年間で「門徒」寺院の無住化は、さらに進行していた。ここまで無住寺院が増加してしまうと、祈禱寺院については、無住状態がむしろ常態である。このように整理されよう。

29	242	光明院	埼玉郡大口村		○		2畝4歩	3斗9升8合
30	242	観秀院	埼玉郡増長村		○		4反9畝13歩	
31	242	能満寺	埼玉郡忍間新田		○			1石2斗2合
32	242	西蔵寺	埼玉郡忍間村		○		7畝10歩	1石6斗1升3合
33	242	延命院	埼玉郡忍間村		○		1反5畝歩	2石8斗1升3合
34	242	満蔵院	埼玉郡大林村		○		5反6畝4歩	3石6斗7升5合
35	242	東光院	埼玉郡大房村		○		1反6畝10歩	2石3斗4升9合
36	242	帰命院	埼玉郡大道村		○		3反8畝12歩	3石2斗9升

（註）「文書番号」は埼玉県立文書館での整理番号を示す.

こうした実態は、明星院配下の寺院のみにみられる現象なのだろうか。現在の東京都あきる野市にある新義真言宗・大悲願《だいひがん》寺《じ》の史料を検討した日暮義晃は、同寺配下の「門徒」寺院に関して、その無住化が宝暦年間（一七五一〜六四）から目立ち始め、文政年間（一八一八〜三〇）には、その割合が半数以上となり、さらに天保年間（一八三〇〜四四）では、そのほとんどで無住となっていた様子を析出している（同「新義真言宗田舎本寺大悲願寺とその門末に関する基礎的研究」）。時系列的にみると、本書でこれまで検討してきた帰趨とほぼ軌を一にするといえるだろう。

このような現象は、明星院配下の「門徒」寺院のみにみられるのではなく、広く関東地方を覆っていたことが推認されるのである。近世後期の関東農村において、無住化した祈禱寺院は、ごく当たり前に目にする光景であったといえるだろう。加えて、この時期には、祈禱寺院のみならず、葬祭寺院についても無住化が広がりつつある。寺院経営の観点から住職の止住状態を確認すると、盤石にみえた寺檀制度の枠組みさえも揺らぎをみせている。

後住の金銭負担

以上のように、近世後期の関東では、祈禱寺院に加えて葬祭寺院にも無住化の波が押し寄せていた。こうした傾向が常態化した場合、寺請の執行にも影響を与えかねない。

前述のように、このような実態は、つきつめて考えれば後住問題にいきつく。後住のなり手不足。こうした現象が発生する要因はどこに求められるのだろうか。次の史料をみてみよう（一部読み下し、明星院文書）。

差し上げ申す一札之事

一、拙僧儀、旦中より願い東光院住職仰せ付けられ、有り難き仕合わせニ存じ奉り候、右ニ付先住葬送入用金拾両、東福（光カ）院建立金預り弐両、先住弟子宝寿院《ほうじゅいん》へ金五両、都合拾七両持参仕り候えども、出捨仰せ付けられ候儀、承知仕り候、然る上は万一移転仕り候とも、後住より金子一切申し請けまじく候儀、并びに借金附け置き申すまじき旨、承知仕り候

（中略）

天明二寅四月　内宿村　東光院　秀浄（花押）

同所名主　武兵衛㊞

（以下二名略）

明星院様御役僧中様

この史料は、天明二（一七八二）年に足立郡内宿村（現埼玉県伊奈町《いなまち》）の「東光院　秀浄」が同村の名主らと連名で作成した文書である。東光院は、寛延三（一七五〇）年の「本末帳」によると、葬祭檀家を三〇軒、除地を一町歩有する「末寺」寺院、すなわち葬祭寺院である。この史料からは、後住問題についてどのような事実を知ることができるのだろうか。内容を検討してみよう。

一つ目の傍線部からは、ここに登場する僧侶の「秀浄」が、「旦中」（檀家）からの願い出によって新たに住職に任命されたことがわかる。二つ目の傍線部を読むと、この入寺にあたって、秀浄は「先住葬送入用」として一〇両、「東福院建立金」として二両、「先住弟子宝寿院」へ遣わす費用として五両の計一七両を持参した。「東福院」の意味が不明であり、「東光院」の誤記である可能性が高い。

いずれにせよ、これだけの金額を用意することが、入寺の条件であった。しかも、この一七両については、「出捨」することが求められている。この意味もやや曖昧ではあるものの、要するに、返還を前提としない「捨て金」という意であろう。三つ目の傍線部にて、後住より金子を受け取ることや借金を東光院に残すことを禁じていることからも、この点が裏づけられよう。

この文書が作成された時点において、東光院の先住が存命であれば、今後予想される葬送儀礼に必要な金額を負担していることになる。また、すでに死亡している場合には、その葬送儀礼に要した金額が東光院に残され、それを精算するための金額を後住である秀浄が用意したと考えられる。いずれの場合でも、先住の葬送儀礼に必要な費用を後住が負担することに変わりはない。除地が一町歩程度あるにせよ、葬祭檀家三〇軒の葬祭寺院であることを考えれば、決して少なくない金額である。

また、先住に弟子がおり、その僧侶が後住とならなかった場合には、生活を保障するために、一定の金額を負担している点も注目に値する。いわば、先住とその弟子の生活費負担を含めたうえで、東光院を引き継いでいることになる。後住となる僧侶にとっては、難儀な事態であろう。

同様の事例は、ほかにも確認される。朴澤直秀の研究によれば、近世中期には、堂舎の大破による再建・修復の必要や、住職が寺院運営などで遺した借金のため、住職交代の際に、その借金などを担いうる僧侶が後住になりやすいという実態が生じていたという（同「教団組織と寺院」）。

このように、寺院の住職に就任するにあたっては、場合によって金銭の持参が求められていた。こうした状況が例外的ではなく、広く常態化していたとすれば、後住の円滑な選任に支障をきたすことが想像される。後住のなり手不足から無住寺院の増加へ、といった現象を顕在化させる一因となりうる。

持参金と寺院経営

後住として寺院を預かる際に求められる持参金は、その後の寺院経営にどのような影響を与えたのだろうか。この点について、考えてみたい。

東光院の事例のように、金銭の持参が入寺の条件となっている場合には、赴任前の段階である程度まとまった金額を蓄えておく必要がある。あるいは、後住となる僧侶を支持する檀家や生家からの金銭的支援に依存しなければならない。やむをえず、一時的な借金をすることも想像されよう。それだけの金銭を用意する必要があるのであれば、新たな赴任先の選択にも慎重にならざるをえない。多数の檀家を抱えていたり、所持耕地が多いなど、より多額の収入が期待される寺院を選ぶのが当然である。この条件に当てはまらない寺院は、後住の選任に時間を要することになり、やがて常態的な無住寺院となる。

また、新たな赴任先の寺院では、檀家に対して檀徳の増額を求めたり、所持耕地から得られる小作料を引き上げるなどの方法で、持参金に相当する金額以上の収入を住職在任期間中に回収する必要がある。そうでなければ、これだけの金額を用意する意味がない。新住職に課せられたこうした経済的負担は、間違いなくその後の寺院経営に影響を及ぼしたと考えられる。

加えて、無住化をめぐる葬祭寺院と祈禱寺院の差異についてもふれておこう。葬祭寺院の住職は、寺請の行使が求められるため、制度的な側面からも現住化が望まれる。檀徳収入や所持耕地からの地徳に関しても、祈禱寺院に比べて恵まれている傾向にある。持参金の回収を前提として新住職が入寺する場合、制度的な保護下にあり、経営的にも相対的に安定している葬祭寺院の方が現住率が高くなるのは、経済的合理性から考えても当然であろう。

寺院に残される借財

先の東光院の史料では、さらに気になる文言が登場する。本文最後の箇所、「借金附け置き申すまじき旨、承知仕り候」である。東光院住職の在任期間中に借財が生じた場合、これを同院に「附け置」くことを禁じるという意に解釈される。借財を寺院に「附け置」くことが広範にみられる現象でなければ、挿入されることのない文言である。言い換えれば、住職の転住にあたって、借財を残すことが珍しくなかったことを推測させる。次の史料を提示しよう（一部読み下し、明星院文書）。

差し上げ申す住職証文之事

一、拙僧儀、今度閏戸村《うるいどむら》惣檀中より願い福性院《ふくしょういん》住職仰せ付けられ有り難く存じ奉り候、然るニ先住より借金買い懸け等これなく候ニ付、万一移転之節後住より金子一切申し請けまじく候、殊に買い懸け等をもって附け置き申すまじく候事

（中略）

附リ境内山林幷抱之社地、村役人へ無沙汰ニ私用ニ切り荒らし申すまじく候、但シ普請之節は、村役人相談之上、格別たるべき之事

中閏戸村　福性院　恵乗（花押）

寛政五丑年四月

同所名主　磯五郎 ㊞

明星院様御役僧中様

右の史料は、寛政五（一七九三）年に作成された武蔵国埼玉郡中閏戸村（現埼玉県蓮田《はすだ》市）の福性院に関する文書である。「恵乗」という僧侶が、新たに同院の住職に任命されるにあたって取り決められた内容を記しており、名主がこれに連名・押印している。福性院を寛延三（一七五〇）年「本末帳」で確認すると、「門徒」寺院、すなわち祈禱寺院であったことがわかる。

傍線部の内容を確認しよう。ここには、「先住より借金買い懸け等これなく候ニ付」「後住より金子一切申し請けまじく候」と記されている。前住職による借金などがないため、今後別の寺院へ転任することになったとしても、後住に対して金銭の要求をしないことを

誓約している。視点を変えてみれば、先代の借金が当該寺院に未精算のまま残されており、新たな住職がそれを在任期間中に補填した場合には、後住に対してその金額求めることができた可能性がある。こうした事態が発生すれば、後住が持参金をもって入寺することが必要となり、それを担いうる僧侶の人選が難航しかねない。この文言は、そうした事態を未然に防止するための誓約的意味合いをもつものと考えてよい。

誓約という点でいえば、この文書にはもう一ヵ所取り決めを交わしている部分がある。「殊に買い懸け等をもって附け置き申すまじく候」という文言である。「買い懸け等をもって附け置」くとは、住職が借金をしたうえで、その金額を個人としてではなく、寺院の借金として残すという意味だろう。

これまでの研究では、寺院の資産や借財について、（a）住職の個人的性格のものと、（b）寺院そのものに付随するものの二者に区分されるとしている（朴澤直秀「教団組織と寺院」）。ここで問題となるのは、（b）の借財である。住職が自らの責任で借金をし、その返済にあたるというのであれば、大きな問題は生じない。ところが、住職の属人的な借金ではなく、寺院それ自体の借金となる場合には、先代、あるいは先々代からの借財として累積される可能性がある。

あわせて借金の発生時には住職の個人的な性格のものであったものが、時間の経過とともに、いつの間にか寺院の借金に転化してしまうこともあるだろう。いずれの場合であっても、いったん寺院の借財となってしまえば、後住となる住職や檀家、さらには村方にまでその責任が及ぶ可能性がある。こうした事態の発生は、住職のなり手不足問題に拍車をかけることとなる。

寺院に残される借金が、後住問題に負の連鎖をもたらす構造。このような実態について、本書の冒頭で紹介した『世事見聞録《せじけんぶんろく》』では、以下のように説明している。

> 隠居すべきに臨みても諸方を嘘偽り、檀家を謀り犯して、用意金を集めし上にて寺を売り、また我が弟子に譲るとても、諸々の差支へも頓着せず、借金を拵《こしら》へ、難儀を負はせ置くなり

これまでに提示した史料から垣間見ることができる様子を、『世事見聞録』は的確に表現している。新たな住職を迎えるにあたって、檀家としても村方としても、できうる限りこうした危難を回避したい。そのためには、まず住職による借金の発生を押さえ込むことが必要である。果たして、この文書で誓約された事柄が遵守されたのかどうか。寺院の後住問題と借財問題は、今後さらに検討を要すべき課題である。

後住に金銭を要求する隠居

赴任先の寺院に借財が残されていた場合、新たに住職となる僧侶には、持参金によってその精算が求められていた。また、それ以外にも先住の葬送儀礼に要する費用やその弟子の生活保障など、後住に金銭的な負担が求められる事例も存在した。寺院経営をめぐるこうした実情こそが、寺院の後継者不足を誘発することとなる。ここでさらに同様の事例を紹介しよう。次の史料をみていただきたい（一部読み下し、明星院文書）。

　恐れ乍ら書付を以って願い上げ奉り候

一、当村龍山院《りゅうざんいん》、去午八月中隠居願い仕り候処、願い之通り仰せ付けられ、後住之義、御門中より仰せ付けられ下し置かれ候様願い上げ奉り候、御門中ニ御慥《たしか》之御方御座なく候ハヽ、他門中成共仰せ付けられ下され候様願い上げ奉り候、勿論後住より隠居方へ金拾五両相渡し候様仰せ付けられ下され候様御頼み申し上げ候、尤拾五両金之内八両後住へ預け置き、此利金壱両宛年々請取、隠居飯米代ニ仕りたく候、本金八両ハ隠居遷化之節入用金仕りたく候、頼之通仰せ付けられ下し置かれ候様、願い上げ奉り候、以上

安永四年未五月

上村《かみむら》旦中惣代　半七㊞

同　源左衛門㊞

龍山院隠居弟子　来星院㊞
組　頭　　与兵衛㊞
名　主　　七郎兵衛㊞

倉田村　明星院様

この史料は、安永四（一七七五）年に足立郡上村（現埼玉県上尾《あげお》市）の龍山院旦中惣代らが作成した文書であり、住職の隠居に伴って後住に求める条件を記した内容となっている。同院は、寛延三（一七五〇）年「本末帳」によれば、葬祭檀家五〇軒、年貢地九石の「末寺」寺院であることが確認される。葬祭檀家数こそやや少ないが、年貢地と合わせれば、充分な収入が期待される寺院である。

傍線部一つ目から確認していこう。ここには、後住について「御門中」より選出して欲しいとする要望とともに、それが叶わない場合には、「他門中」でも構わない旨が記されている。「御門中」とは、龍山院の田舎本寺である明星院配下の僧侶を指している。差出人に「龍山院隠居弟子」として「来星院」が登場していることから、彼が後住の第一候補ではあるものの、この時点では確定的ではない。

さて、重要なのは、次の二つ目の傍線部である。ここには、新たな住職が決定した際に、「後住より隠居方へ金拾五両」を渡すように希望することが述べられている。この文書の宛先が「倉田村　明星院様」となっていることから、明星院の住職から新住職へこうした金銭の授受を命じることを依頼する内容であることがわかる。

金一五両という金銭の使途については、三つ目の傍線部で確認される。すなわち、「八両後住へ預け置き、此利金壱両宛年々請取、隠居飯米代」とし、残りの金額は「隠居遷化之節入用金」に充当するとしている。八両を運用金とし、毎年一両ずつ受け取るということは、年利一二・五％での貸し付けを想定していることになる。この年利は、当該時期の標準的な利率といえるだろう（拙著『近世地方寺院経営史の研究』）。いかにも綿密な計画である。

後住が用意する負担金には、先住の葬送儀礼費用が含まれる場合がある。この点は既述の通りである。それに加えて、この文書で記されている先住の希望が叶えられれば、存命中の隠居に対して、その生活も支えなければならない。先住が残した借金の清算や、隠居後の生活費を保証することが後住に求められていることを勘案すれば、先住の存在こそが後住の寺院経営を圧迫する要因であった。このようにもみえてくる。無住化が進行した背景には、先住と後住との間で取り交わされるこうした慣例が見え隠れする。

ここで、先住の側に視点を移してみたい。長年僧侶として活動したのち、老齢の域に達したり、病を得て住職が隠居を余儀なくされる場合、その天寿をまっとうするまでの生活保障は誰が担うのであろうか。武家や商人、百姓であれば、家族がその担い手の中心となるはずである。一方で、家族を構成する浄土真宗などの宗派を除き、原則として生涯を独身で貫く僧侶は、そうした援助を期待しにくい。隠居する僧侶が老齢の場合には、生家もすでに代替わりしていることだろう。所属する教団が生活費を扶持してくれる可能性も大きくない。こうした僧侶にとって、後住や弟子の経済的援助こそが頼みの綱である。

後住に経済的な依存をせざるをえない隠居と、進行する後住のなり手不足。この両者は表裏の関係にある。壮年の新住職も、やがては老齢の域に達し、同様の道をたどることになる。構造的な問題であるだけに、その関係を断ち切ることは容易ではない。

住職への寺院資産の還元

ここで一五三頁で示した福性院に関する史料をもう一度振り返っていただきたい。その文末には、「附リ」として、以下の文言が添えられている。次に提示して、もう一度確認しておこう。

境内山林幷抱之社地、村役人へ無沙汰ニ私用ニ切り荒らし申すまじく候、但シ普請之節は、村役人相談之上、格別たるべき之事

新たに就任する住職に対して、「村役人に相談なく、私用で境内地の山林を切り取ってはいけない。ただし普請の場合には、村役人に相談したうえで別の措置を講じる」ことを誓約させる内容である。ここでいう「境内山林」を「荒らす」とは、どのような事柄を指

しているのであろうか。後半部分からその意味を推測することができる。つまり、堂舎の普請にあたっては、村役人と相談のうえで境内の山林を伐木し、必要な建材に充てることを示唆している（「普請之節は、村役人相談之上、格別たるべき之事」）。あるいは、伐木を売却することで、必要経費を賄うことも考えられるだろう。

換言すれば、こうした例外を除いて、住職といえども自らの判断のみで境内の山林資源を勝手に処分することが認められていないことになる。村役人との協議を経て、はじめて住職が考える計画を実行に移すことができたと解釈されるだろう。その一方で、檀家の減少や社会経済的環境の変化から、住職の金銭事情に困窮をもたらす事態が発生することもありうる。そうした場合には、借金で当座をしのぐ、というのも一つの選択肢ではある。ただし、村側としても、できるだけ借財を寺院に残したくないというのが本音であろう。

次にあげる史料からは、住職と村側の思惑が複雑に絡み合う様子を抽出することができる（一部読み下し、明星院文書）。

議定証文之事

此度星久院《しょうきゅういん》境内売木之儀は、双方村役人小前百姓立ち会い、直段等承り届ヶ候処、金拾両之内三両は、星久院住寺（ママ）住山入用之由、申し遣わし候ニ付差し登らセ、残金七両ハ、星久院祠堂金に貸し附け致し、証文は本帳星久院ニ差し置き、写し書きを以って本寺へ相届ヶ、双方村役人方ニも写し書き差し置き、其外伐り取り候雑木代金之儀は、立ち入り人貰い請け、以って来たる伐木之節、星久院并村中惣鎮守久伊豆明神《ひさいずみょうじん》之儀は、何事に依らず双方村役人は申すに及ばず、小前百姓両三人立ち会い相談之上取り極め本寺へ相届ヶ、差図次第仕る筈、其外之義は仕来之通り仕る筈、右之趣村中并下閏戸村名主清右衛門、高虫村《たかむしむら》名主角太夫立ち入り相談之上、聊《いささか》も申分なく以来之議定取り極め置き候間、後日ニ違乱仕るまじく候、後証の為、議定証文取り替わし申す処件の如し

文化八年未年六月

駒崎村《こまさきむら》　名主　庄右衛門㊞
組頭　富三郎㊞
百姓代　平右衛門㊞
（以下三名略）

右之通り、議定証文取り替わし申す処、相違御座無く候

駒崎村　喜三郎㊞
高虫村　名主　角太夫㊞
下閏戸村名主　清右衛門㊞

（後略）

御役僧中

この史料は、文化八（一八一一）年、埼玉郡駒崎村（現埼玉県蓮田市）の名主らが作成した「証文」である。田舎本寺である明星院の役僧に対して、星久院境内の売木に関する取り決めを確認する内容となっている。星久院は、寛延三（一七五〇）年時点で葬祭檀家六〇軒、年貢地一〇石を有する「末寺」寺院であった。差出人として、駒崎村の村役人以外にも高虫村・下閏戸村の名主が連署しているのは、この三ヵ村が隣接していることを勘案すると、星久院の檀家が駒崎村にとどまらず、高虫村や下閏戸村にも存在していることに起因していると推測される。星久院の概要を確認したところで、早速文書の内容を検討していこう。

まずは一つ目の傍線部である。ここには、星久院境内の立木を伐採・売却するにあたり、村役人と百姓がその場に立ち会い、売却金額について承知した旨が記されている。境内の立木を売却する理由については不明であるものの、この部分の本旨は、村役人らが立ち会うことで、住職の専断によって伐採から値段交渉までの過程が決定されることを防止することを企図している。

二つ目の傍線部には、売木によって得られる金額が金一〇両であると記されている。この一〇両のうち、七両は「星久院祠堂金」として貸し付けをすることで、運用金を得るとしている。ここで注目して欲しいのは、残りの三両についてである。文書内では、「星久院住寺住山入用之由、申し遣わし候ニ付差し登らセ」と記述されている箇所である。住職が同院の経営を維持していくにあたり、「住山入用」が必要であることを「申し遣わし」てきたので、三両をこの費用に充当すると解釈されるだろう。

星久院の葬祭檀家数と年貢地を考えれば、経営の採算線を超えているはずである。それでも予定外の出費などで、手元が苦しくなることもあるだろう。その場合、借財を残すことは得策ではない。幸いにして、境内地の立木を売却することができそうである。ただし、そこから得られる金額のすべてを住職に渡してしまうことは、資産を住職の私物化する先例となりかねない。売却益の一部を還元することで、住職には納得してもらおう。村役人らがとった方策の全体像は、このように整理されるのではないだろうか。

星久院の事例は、村方の監視と関与のもと、葬祭寺院である同院の経営が難しくなり、無住化や兼帯によって寺請の不便を回避するためにとられた住職救済策と位置づけられるだろう。

ここまでみてきたように、境内の立木といった寺院資産は、住職の恣意的な意志のみによって処分できる性質のものではない。そして寺院の所持耕地などもまた同様に、村方の関与をみてとることができる。この点は重要である。住職の止住は、こうした寺院資産によって支えられている。住職の個人的な金銭事情によってこれを処分できる余地は、意外に小さい。浄土真宗や修験を除く宗派では、一定の任期で住職が交代していくため、村方が寺院経営に関与する傾向が強まるものと考えられる。

寺院資産は誰が管理するのか。次なる課題がここに浮上する。

寺の経営戦略と地域

寺院資産は誰のものか

「寺院資産」とは何か

本書では、寺院を一つの経営体と捉えている。これを前提にして「寺院資産」という用語を使用すると、その概念規定はいささか難しい。一般的に用いられる資産という言葉には、いくつかの事柄が含意されるからである。例えば「資産家」。これは、平均以上の財産をもつ人、あるいは家庭を指している。「資産運用」といえば、個人もしくは企業が有している財貨を貯蓄したり投資したりして、その増大を図る行為をいう。「我が社の資産は、有為な人材である」という言い方もなされるだろう。

議論を混乱させないために、「寺院資産」とは、それぞれの寺院を維持・発展させていくことに寄与する経済的価値をもつもの、とひとまずしておこう。こうした定義をもってしても、実はまだ課題が残されている。近世において、寺院という経営体を維持・発展させていくための資産としては、まず檀家《だんか》の存在が想起される。檀家の数やどのような階層の檀家をもっているかが、寺院経営を大きく左右するからである。

　こうした点をふまえたうえで、ここでは、そうした人的資産ではなく、不動産に目を向けたい。より正確にいえば、寺院が所持する不動産は、どのような人的環境によって維持されているのか、という点から分析を進める。これまでも述べてきたように、寺院が所持する山林や耕地には、檀家をはじめとして、多様な人々が関わりをもっている。例えば、寺院の所持耕地処分に際して作成された文書に村の名主《なぬし》が署名・押印している事例も確認される。この場合、行政組織としての村がこれに関与しているとみることも可能だろう。

　寺院資産の管理主体は、いったい誰なのだろうか。

荒地の譲渡と「起返し」

　まずは以下の史料をみて欲しい（一部読み下し、『関城町史　史料編Ⅰ』）。寺院がもつ有力資産の代表格である所持耕地の譲渡に関する文書である。

（端裏書）「文政六　心性院《しんじょういん》持田畠　檀方《だんかた》某へ引き渡し　高引き」

　引き請け申す一札之事

　　三宅主計知行所之内

一　六反三畝歩　　柴畑分

右之地所、貴院様御代々御持高之内ニこれ有り候処、年久敷《ひさしく》荒地に相成り、御難義之由、私檀方之儀ニ候えば、余所見候も気之毒ニ存じ奉り候間、此度右之地所私先祖之菩提《ぼだい》之為ニも相成り申すべく間、右之地面引き請け、私之持高へ差し加え、貴院様之持高を相除、御年貢・諸役銭等、私方ニて相納め、貴院様少しも御難儀相懸ヶ申すまじく候、後日の為、引き請け証文依って件の如し

文政六癸未年四月　　三宅主計知行所
藤ヶ谷村名主　儀　八㊞

御菩提所
黒子《くろご》心性院様

この史料は、文政六（一八二三）年に常陸国《ひたちのくに》真壁郡《まかべぐん》藤ヶ谷村《ふじがやむら》（現茨城県筑西市《ちくせい》）の名主から心性院へ宛てられた文書である。心性院は、本書でも先に検討対象とした千妙寺《せんみょうじ》の塔中《たっちゅう》である。文書の概要は、同院が所持する六反三畝歩の「柴畑」について、檀家の儀八に譲渡する内容となっている。その詳細をさらに掘り下げて分析していこう。

本来であれば、寺院の所持耕地は、檀家とともに寺院経営を支える両輪である。ところが、心性院所持の「柴畑」は、文政六年時点で「年久敷荒地に相成り」という状態であった（傍線部一つ目）。長期間にわたって耕作されていなかったのである。同院の檀家でもある藤ヶ谷村の名主・儀八は、この様子を「気之毒ニ存じ奉り候」とみていた（傍線部二つ

目）。儀八には、何が「気之毒」と映ったのだろうか。その鍵は次の傍線部に記されている。

三つ目の傍線部では、儀八が荒地となった「柴畑」を引き受け、「貴院様之持高」から除いたうえで、「年貢・諸役銭等、私方ニて相納め」ることを申し出ている。この文言から判断すると、ここで譲渡の対象となっている「芝畑」は、長年にわたり荒地となったまま放置され、収納の見込みがないにもかかわらず、年貢・諸役の負担が免除されていなかったのだろう。心性院にとっては、不良資産を抱えている状態である。檀家である儀八は、こうした状態を「気之毒」といっているのである。

この事例では、本来は有力な寺院資産であるはずの所持耕地が、反対に寺院経営を圧迫しかねない要因となっていた。その窮状をみかねて、檀家が手を差し伸べたと理解することができる。残念ながら、譲渡にあたって、金銭の授受があったのか否かについては知ることができない。ただ、荒地となっていることを考えると、無償譲渡であった可能性も充分考えられる。

寺院所持耕地の取得とその後

ここで疑問として浮上するのは、こうして入手した荒地をどうするのか、という点であろう。有償での譲渡を引き受ける場合、その耕地に見合った金銭的対価を用意する必要がある。また、仮に無償譲渡であったとしても、荒れ地のままでは引き受け手に利点はなく、年貢や諸役の負担を肩代わりするだけの結果になりかねない。檀家であれば、善意から手を差しのべることも考えられるが、果たしてそうだろうか。

次の史料をみてみよう（一部読み下し、『関城町史　史料編Ⅰ』）。

（前略）

差し上げ申す一札之事

一、幸福寺《こうふくじ》左之方　御年貢地分

一、同右之方　御除地《じょち》之分

右は永年荒地ニ相成り居り候処、今般私儀起返し仕り度候ニ付、役人一同より御願申し上げ候処、則ち来ル申年より同亥年秋作迄四ヶ年之鍬下《くわした》ニて、起返し仕り候様御聞き済み成し下だされ、有り難き仕合せニ奉存候、然ル上は、右年限相満ち候らえば、其砌《みぎ》り反畝歩等御改め下だされ、然るべき御差図ニ任せ、相当之御年貢は差し上げ申すべく候、勿論境内《けいだい》之儀ニ御坐候らえば、御用之節は何時ニても御返上申し上ぐべく候、後日の為、一札仍《よ》って件の如し

弘化四未年八月　木戸村《きとむら》起返人　喜平多　㊞

東睿山《とうえいさん》御役所

前書之通り私共村方百姓喜平多、起返し願い上げ候ニ付、これに依り奥印仕り差し上げ奉候、以上

名主　郡　吉　㊞

（以下三名略）

右の史料は、弘化四（一八四七）年に常陸国真壁郡木戸村（現茨城県筑西市）の「喜平多」および名主の「郡吉」らが作成した文書である。ここに登場する幸福寺は、先掲表17によれば、喜平多と同じ木戸村にその存在が確認される（No.22）。同表によると、延享二（一七四五）年には祈禱檀家九〇軒を抱えていたものの、文化九（一八一二）年には半分以下の四二軒にまで落ち込んでいる。同寺が存在する村は、顕著な人口減少に直面していたといえよう。そのためもあってか、この文書には、幸福寺の所持耕地に関する事柄が記されているにもかかわらず、差出人・受取人いずれにも同寺現住《げんじゅう》の名が登場しない。おそらくは無住《むじゅう》であったのだろう。

さて、この史料を読み進めると、幸福寺の年貢地と除地について、「永年荒地ニ相成り居り候」との文言がみえる。そこで同村の喜平多が一つ目の傍線部で、この荒地を「起返し」することを村役人とともに歎願している。「起返し」とは、荒れてしまった旧耕地に手を入れ、再び田畑として使用できる状態に戻す行為をいう（村上直編『近世史用語事典』）。

二つ目の傍線部では、「起返し」に必要な作業期間として、四ヵ年にわたる鍬下年季の設定が認められた。さらに三つ目の傍線部では、この期間を経たのちは、「御差図」通りに年貢を差し出すことが記されている。

この史料で確認できる内容は、一六七頁で確認した事例と同様に、荒地化した寺院所持耕地に関する対応策である。荒地の「起返し」に成功すれば、鍬下として設定された期間中は、幸福寺の年貢と除地分の収益を得ることができ、この文書の差出人である「喜平多」の作徳となる。「喜平多」の目には、大きな魅力として映ったに違いない。

このように、寺院所持耕地の耕作を肩代わりすることは、それを引き受ける側にも実利をもたらしていた可能性がある。「喜平多」にどの程度の経済的な余裕があったのか知ることはできないものの、「起返し」にはそれなりの費用を要しただろう。それを差し引いても、経済的利益をもたらすことが予想されたからこそ、こうした提案に至ったものと考えられる。

寺院資産をめぐる住持と村方との対立

ここでいま一度、先掲一七〇頁の史料を確認して欲しい。「喜平多」による「起返し」の申し出は、「東睿山御役所」、すなわち千妙寺に対してなされていた。加えてこの文書は、同村名主の「郡吉」が加印したうえで提出されている。これまでに本書で提示してきた史料にも、名主が関与しているものが多い。

それぞれの村に立地する寺院は、檀家によって支えられていることはいうまでもない。檀家が寺院資産の管理やその処分に一定の権限をもっていたことは容易に想像される。それに加えて、ここでは村政の責任者である名主もこれに関わっているのである。ほかにもこうした事例はみられるのだろうか。次の史料をみてみよう（一部読み下し、『関城町史 史料編Ⅰ』）。

恐れ乍《なが》ら書き附けを以って御届け申し上げ奉り候

一、赤浜村《あかはまむら》村役人共申し上げ奉り候、村方西光寺《さいこうじ》地内杉木西光寺恵観伐り取り候ニ付、一切私ニて用人も談合御座無く候間、伐り候節直ニ私シ共相尋ね候処、悪木ニ付真木（薪カ）ニ伐り取り候抔《など》と申し候ニ付、枝葉は西光寺引き取り候らえども、身木（幹カ）之処は差し置き候ニ付、此義も御窺い申し上げ候、御差図之上、此段願い上げ候、以上

弘化四（ママ）

四月　　利兵衛

（他二名略）

黒子　心性院様

この史料は、弘化二～四（一八四五～四七）年にかけて作成された文書を「御用留《ごようどめ》」と

してまとめたものの一部である。ここに差出人として登場する「利兵衛」は、本文中の「赤浜村村役人共」という文言や、「御用留」における他の史料から、史料中に登場する赤浜村（現茨城県筑西市）の村役人であったことが判明する。

それでは史料の検討に移ろう。一つ目の傍線部では、同村の西光寺を預かっていた「恵観」なる人物が、村役人らに相談しないまま、境内の杉木を伐採したことが記されている。この点を同人に問い詰めたところ、二つ目の傍線部のように、「悪木」であるがゆえに「真木」（薪）として伐採したと主張した。そのため、枝葉のみを西光寺に残し、それ以外の「身木」（幹）の部分は、村方にて引き取った（傍線部三つ目）。

この史料では、境内の杉木伐採が、村役人への「談合」なしに行われたことを問題視している点が注目される。ここに登場する「西光寺恵観」が、同寺の正式な住職であったのか否かについては判然としない。その名から判断すれば、僧籍のある人物であることは確かだろう。また、あくまで村方の立場で作成された史料であるという点に留意しなければならないが、文意としては、西光寺という寺院に属する資産を住職あるいは留守居《るすい》役の「恵観」が私的に流用しようとしたと解釈することができる。

こののち、恵観は「家出」をし、「行意（衛）相訳《わか》り兼候」という状態になった（『関城町史 史料編I』千妙寺文書 文書番号四〇四）。「家出」というからには、転住ではなく、無断で出《しゅつ》奔《ぼん》したのだろう。その背景には、この事件が強く影響していると考えてよい。

この事例では、自身が止住《しじゅう》する寺院境内の伐木をしたことによって、村方との間で争論に発展し、ついには「恵観」が出奔せざるをえない状況になったと整理される。ここでは、西光寺の資産である杉木について、当該寺院を預かる人物と村方の間で衝突が起こった際、村方の意向が強く反映されていた点を注視しておきたい。

こうした事例はほかにも紹介されている。齋藤悦正は、下野国河内郡高松村《しもつけのくにかわちぐんたかまつむら》（栃木県宇都宮市）に存在した慈眼寺《じげんじ》を分析の対象として、同寺の住職が無断で什物《じゅうもつ》を売却し、出奔に至った実例を発掘している（同「村落寺院と村秩序」）。寺院資産の処分をめぐる住職と村方との対立は、決して珍しい事案ではない。

寺と「村」の力関係

先の事例を整理すると、寺院資産の処分については、寺院を預かる寺僧よりも当該寺院が立地する村の意向が優越していた。一一一頁に掲載した表17にあるように、西光寺は葬祭檀家をもたない祈禱寺院である。つまり、西光寺の住職に寺請《てらうけ》をしてもらわなければならない檀家は村内に一軒も存在しない。

ここで、本書の冒頭で紹介した密通事件を思い出して欲しい。住職が檀家の妻と三年もの間、こうした関係を維持することができたのも、寺請の不執行をほのめかしたことが背景にある。その意味でも、村方の意向によって、西光寺を預かる僧侶を出奔させるような状況に追い込んだことと、同寺が祈禱寺院であったことは、無関係ではあるまい。西光寺が祈禱寺院であることが、村側がその僧侶に対して強い態度で訴えることができた一因であるとみることもできるだろう。

このように考えると、寺院資産の処分にあたって、それぞれがどのような性格の寺院であるのか、という点をふまえたうえで、その実態を掘り下げて分析することが必要になってくる。ここまでの検討を振り返ってみても、葬祭寺院であるのか、あるいは祈禱寺院であるのかによって、檀家や村方と住職の力関係が異なってくることが想像される。

従来の近世宗教史研究では、それぞれの寺院が葬祭寺院であることを前提として議論を組み立ててきた。ゆえに、右記のような視点を欠落させがちである。ここでも改めて寺格の問題が浮上してくる。

寺院資産と田舎本寺

これまでの検討から、祈禱寺院の寺院資産については、その寺院を預かる人物よりも村方の意向が優越していた様子を知ることができる。ここで、いま一度一七三頁の史料をみていただきたい。四つ目の傍線部分である。

ここには寺院の資産である境内の樹木伐採について、「御窺い申し上げ候、御差図之上、此段願い上げ」と記されている。「御窺い申し上げ」ている主体は赤浜村の名主らで、その相手は田舎本寺《いなかほんじ》である千妙寺塔中の心性院である。この一文からは、どのようなことを読みとることができるのだろうか。

西光寺が所在する村の名主らは、その寺院資産の処分にあたって、西光寺を預かる僧侶よりも優越した権限を有していたようにみえる。しかしながら、その優越性は、同寺の田舎本寺である千妙寺やその塔中に対しても同様であったわけではない。名主らが定めた伐木処理の方針を心性院に「御窺い」したうえで、「御差図」を願っている。こうした文言をみれば、寺院資産の管理方法に関して、田舎本寺と村方との間に「承認する側」と「承認される側」といった関係性が存在するのではないだろうか。

この点について、別の史料で確かめてみよう（一部読み下し、『関城町史 史料編Ⅰ』）。

（端裏書）「文政二　十一月　真壁郡藤ヶ谷三ヶ寺改め」

御尋ニ付恐れ乍ら書き付けを以って申し上げ奉り候

一、拙者共村方大乗院《だいじょういん》・東光院《とうこういん》・正行院《せいぎょういん》三ヶ寺之義、寺建て置き候地所之義は、先年より惣村百性（ママ）方ニて御年貢諸役共、年々地頭《じとう》所方へ上納仕り来たり候場所ニて御座候、然ル所、近年潰れ百性屋敷多く罷《まか》り成り、殊《こと》に当村之義は原地次之村方故、野火焼ニ罷り成り、寺地へも少々宛ハ焼き入れ、枯木ニ相成候ニ付、右枯木旦中《だんちゅう》之者取り集まり、伐り倒シ候所、御本山様へ其段御届ヶ申し上げず、手（ママ）入れ仕り候段、村役人・旦中無念之趣御指南様より御糺《ただ》しニ付、早速相止メ、御利解仰せ聞かされ、全く不行届始末恐れ入り候、乍し乍ら右伐り倒し候枯木其儘《まま》打ち捨て置き候ては、一向無益ニも相成り候間、此義は格別之思し召しを以って、少々之代銭ニ成る共売買いたし、寺修覆足し合わせニ仕り度候、此段御聞き済み成し下だされ候様、願い上げ奉り候（後略）

文政二卯年十一月　　藤ヶ谷村

名主　義　助㊞

（他四名略）

心性院様

御納所中様

右の史料は、文政二（一八一九）年に藤ヶ谷村の名主が千妙寺塔中の心性院に宛てて作成した文書である。本文の前段箇所から、同村には大乗院をはじめとして三ヵ寺が存在し、各寺院が所持する「地所」の「御年貢」は、村方の百姓が負担していたことがわかる。先にも確認したように、これら三ヵ寺はいずれも祈禱寺院であり、住職の止住が不安定化していた。寺院所持耕地に賦課される年貢の村方負担は、この点に起因しているものと考えてよいだろう。しかも、この時期の同村は、「近年潰れ百性屋敷多く罷り成り」という状況であった。農村が荒廃することで寺院の無住化を誘引し、そのことが残された百姓の負担をさらに増大させていたのである。

藤ヶ谷村に暮らす人々も、こうした状況をただ甘受していたわけではない。寺院境内地の立木に目をつけたのである。一つ目の傍線部を読むと、この立木を「枯木」として切り倒したことがわかる。日常的に使用する薪木としてでも利用するつもりであったのだろうか。いずれにせよ、同村の寺院が無住となっていたことは、伐木にあたって好都合であったはずである。しかし、この一件は、田舎本寺である千妙寺側に露見する。そして、そのことが次の展開を用意した。

境内地の樹木を切り倒したことによって問題とされているのは、千妙寺住職の許可を得ていなかった点である（「御本山様へ其段御届ヶ申し上げず」）。無住となった寺院の資産を勝手に処分しようとした村人や檀家に対して、千妙寺の塔中で「御指南」役を担っている心性院の住職は、早速この件を糾問した（「村役人・旦中無念之趣御指南様より御糺し」）。

そもそも境内地の立木が「枯木」となったのは、「野火焼ニ罷り成り、寺地へも少々宛ハ焼き入」ったことが原因である。あるいは、意図的に境内地に隣接した場所で「野火焼」をし、境内地の立木を「枯木」にした可能性すらある。いずれにせよ、村側の失態である。田舎本寺側の追及に、村側は抗すべき有効な弁明をもたなかった。「全く不行届始末恐れ入り候」と詫びるほかない。

これが村の共有地であったならば、そこに存在する立木の処分に関して、特段の問題とはならなかっただろう。あるいは寺院の境内地であったとしても、その管理が村や檀家に主体的に委ねられ、田舎本寺の住職の意向に優越するような認識が両者に共有されていたのであれば、村役人が田舎本寺の住職に詰問されることもなかったに違いない。ところが、右の史料に記された内容は、その真逆である。

無住となった寺院に関し、村方は所持耕地の諸役や年貢を負担させられながらも、寺院資産を処分するためには、田舎本寺の住職にこれを確認することが必要とされていた。無住となった状態であっても、村役人が踏むべき手順を無視して、寺院資産の処分を進めることができなかったと理解される。

その後の経過

無住寺院境内の立木を田舎本寺の住職に無断で伐採した檀家や村人。この一件を看過することなく、村方に詰め寄る田舎本寺側の住職。その後の事態はどのように推移したのだろうか。先の史料から三ヵ月後に作成された史料で、この点を確認したい（一部読み下し、『関城町史　史料編Ⅰ』）。

「文政三辰二月　藤ヶ谷村与四郎等申し訳けこれ無く、売木金五両出し、大乗院之什金ニ取り組み申し候、以上」（端裏書）

差し上げ申す一札之事

一、私共村方大乗院、久しく無住にて、大破に及び候ニ付、右寺修覆の為、境内之雑木三拾六本売木仕り度、村役人共相談仕り、去ル卯年霜月伐木仕り候処、其段御当山様へ御窺い申さず、役人共猥《みだり》ニ伐木仕り候段、当山様より御咎仰せ付けられ、此度御見分として御役院様御越し遊ばされ、御見分之上、村役人共心得違い之段、御理解仰せ聞され、一言之申し訳けこれ無く恐れ入り奉り候、（中略）然る上は、大乗院持高之地所ニ限らず、村方東光院・正行院持高之地所之内、伐木は申すに及ばず、其外共御当山様へ御窺い申し上げ候、御差図次第ニ取り計らい仕るべき旨仰せ付けられ、是又承知仕り候、後日の為、差し上げ申す連印一札、仍って件の如し

文政三辰年二月

藤ヶ谷村

名主　藤兵衛 ㊞

（他四名略）

東睿山御役僧中

まずはじめに、紙幅の関係上省略した中略部分の内容を概言しておくことにしよう。ここには、伐木の売却によって得た金五両は、大乗院の堂舎修復費用に充てる旨が記されている。この提案は、前掲一七七頁の史料によって確認できるように、すでに前年の一一月に村方からなされていた。この点のみについていえば、村側の提案を千妙寺の住職が追認

したことになる。この事実を前提にして史料の検討に移ろう。

一つ目の傍線部では、この伐木について、改めて「一言之申し訳けこれ無く恐れ入り奉り候」と詫びを入れている。村方に一方的な非があることを認める表現である。さらに、今後の約束事として、「大乗院持高之地所ニ限らず、(中略)伐木は申すに及ばず、其外共御当山様へ御窺い申し上げ候、御差図次第ニ取り計らい仕るべき旨仰せ付けられ、是又承知仕り候」(傍線部二つ目)と記されている文言に注目したい。「大乗院持高之地所」について、伐木以外であっても当山、すなわち千妙寺住職の指示を仰ぎ、これに従うことを誓約している。同じ村内にある東光院・正行院に関しても同様である。

ここでいう「持高之地所」とは、各寺院の堂舎を含む境内地とその所持耕地を指しているのだろう。「伐木は申すに及ばず」と記していることに鑑みても、ここでは、寺院が所持する不動産一般を想定していると推測される。

以上のように、この史料からは、寺院資産が村方の勝手次第に処分可能な性格のものではなく、その最終決定権を田舎本寺の住職が保持している実態を読みとることができるのである。

寺院資産をめぐる綱引き

ここで、改めて当初の課題に戻ろう。寺院資産は誰のものであるのか、という点である。これまでの研究では、寺院住職と檀家との力関係について、住職のそれが檀家に対して優越的であると理解されてきた。そうした関係の根底にあるのが、いうまでもなく寺請である。檀家に対して居丈高に振る舞う住職。その源泉は、「非キリシタンであることを証明する権限」であった。

ただし、こうした理解は、檀家と住職の関係における断片である。寺院資産をめぐる村方と住職の緊張関係を思い出して欲しい。たとえ住職であっても、自らが経営する寺院の資産を勝手に処分することは許されていない。家族を形成し、子孫へとその経営が継承されていく一部の宗派を除いて、檀家にとっての住職とは、一時的に寺院を預かっている存在に過ぎない。このことの意味は大きい。それぞれの村に根づき、代々引き継がれていく檀家とは異なる存在である。

また、寺院資産が減少し、寺院経営が傾くような事態に陥れば、檀家はもとより、行政組織としての村にも多大な影響を及ぼしかねない。それぞれの寺院が所持する資産は、住職のみならず、檀家や村にとっても大きな関心事である。ここで紹介した事例からわかることは、寺院資産が住職の生活や宗教活動を維持するために使用されることはあるものの、その際には村方の関与が不可欠であるという点である。この点を強調するのであれば、寺院資産の処分をめぐる力関係は、住職よりも村方にその優越を認めることができる。

　他面において、それでは名主をはじめとする村方が寺院資産の処分を思いのままにできたのかといえば、必ずしもそうではない。千妙寺配下寺院の事例でいえば、田舎本寺である千妙寺住職が最終的な決定権を保持している。その意向に逆らうことはできない。この理由はどこにあるのか。

　近世の寺院を葬祭寺院と祈禱寺院に類別する場合、田舎本寺である千妙寺は、その両方を配下に抱えている。祈禱寺院の資産をめぐる住職と村方との対立であれば、寺請を必要とする檀家が存在しないため、村人の意向が通りやすい。一方で、そうした村人であっても、いずれかの葬祭寺院に寺請を依頼しているはずである。そうした葬祭寺院のなかには、千妙寺配下の寺院も多数含まれていたことだろう。その場合、やはり田舎本寺住職の意向は無視できない。ほかの地域でも同様の事情であったものと考えられる。

　個別寺院の資産をめぐっては、住職、檀家組織や村方、そして本寺の住職が三者三様の思惑をもっている。住職が経営戦略上活用することができる寺院資産は、地域の人的環境に制約されているといえるのかもしれない。

知名度を上げろ

檀家・土地以外の「寺院資産」

すでに述べたように、寺院がもつ資産には、さまざまな含意が可能である。それぞれの寺院は、この資産を有効に活用しながら経営を維持していた。その代表例が所持耕地である。あるいは、より広い意味で檀家を加えてもよい。檀家が過少であり、そこから得られる檀徳に依存できないような状況にあれば、所持耕地からの地徳を頼みとする。その反対もまた然り。この時代の寺院を俯瞰すれば、檀徳と地徳が寺院経営を支える両輪である。

ここで、少し立ち止まって考えておきたい事柄がある。寺院を支える資産は、ほかにどのようなものが想像されるのだろうか。例えば先述した江戸の浅草寺《せんそうじ》。同寺に付随する広大な境内地や所持する地所は、もちろん重要な資産である。この点は疑いがない。ただ、

図10　東海寺（千葉県柏市）

それと同様に重要なのは、観光地としての浅草寺に吸い寄せられてくる多数の参拝客であろう。彼らが浅草寺境内やその周辺で落とす金銭は、めぐりめぐって同寺に集積される。出店などをはじめとして、多数の観光客を魅了する浅草寺の空間的構成要素とその知名度は、同寺にとってかけがえのない資産であるとみなされよう。こうした資産をもってすれば、檀家からの収入に依存しない経営が可能となる。

このような寺院は、浅草寺に限定されるものではない。同様の寺院が全国各地に点在している。ここで類例としてあげた寺院の資産は、歴史的にどのように形成されてきたのだろうか。次にこうした点について考察を進めることとしよう。

東海寺の概要

下総国相馬郡布施村《しもうさのくにそうまぐんふせむら》（現千葉県柏市《かしわし》）の真言宗《しんごんしゅう》寺院である東海寺《とうかいじ》。この地域では「布施弁天《ふせべんてん》」の愛称で知られ、新年の初詣には多数の参拝客を集めている。同寺の関連史料は、『柏市史』に多くが収録されており、その実態を分析するうえで至便である。

以下の記述では、経営を維持するための充分な葬祭檀家を有していない東海寺の住職が、多様な収入手段を確保するためにいかなる経営戦略を採用したのか、という点に焦点を当てながら、同寺の経営基盤が確立されていく過程を分析したい。次に示すのは、寛政七（一七九五）年に作成された「寺格二色着用免許之事」の表題をもつ史料からの抜粋である（『柏市史　史料編五』）。

（前略）

起立書

一、開基　不分明　　　　一、境内　御除地

一、田畑　七町歩　　　　一、本尊　弁才天

一、本寺　護持院《ごじいん》　　　　一、法院　報恩院《ほうおんいん》

一、本堂　七間四面　　　一、鎮守　香取大明神《かとりだいみょうじん》　妙見大菩薩《みょうけんだいぼさつ》

一、末社十六ヶ所　御除地　　一、客殿　九間ニ拾八間

一、庫裏《くり》　七間ニ拾三間半　　一、表門　三間ニ弐間
一、祈願所　本多伯耆守《ほんだほうきのかみ》様　　一、祈願檀家　百七拾五軒
一、菩提檀家　拾軒　　一、初放談　相勤候
（後略）

紙幅の関係上、史料の前後を省略した。同文書の本旨は、従前香衣《こうえ》一色のみの着用であった東海寺住職が、その寺格に応じて二色の香衣使用を本寺に願い出た内容となっている。史料を検討する前に、以下の点について確認しておこう。そもそも、個別の寺院がもつ経営的な特徴は、歴史的な環境に規定されている場合が多い。寺院経営の実態を分析するにあたっては、その寺院を取り巻く地理的・社会経済的な環境とともに、寺院の由緒を把握しておくことが必要である。ここにあげた文書は、そうした情報に関して基礎的な事柄を提示している。

史料の内容をみると、東海寺は本寺を「護持院」とし、開基は「不分明」となっている。同寺の縁起を記した別史料によれば、大同二（八〇七）年に開基されたことが記されている（『柏市史　史料編五』）。ほかの寺社でもしばしばみられることではあるが、これは後世の創作であろう。ここでは「起立書」に示されている通り、その開基をひとまず不明としておくこととし、のちほど検討の俎上《そじょう》にのせることとしよう。

本尊については「弁才天」、すなわち弁財天であると記されている。弁財天は、インド神話に登場する女神である。転じて日本の江戸時代には七福神《しちふくじん》の一つとされ、福徳財宝の神として現世利益的な信仰対象となった。また、水利に関連して祀られることが多いのも特徴である（圭室文雄編『日本の神仏の辞典』）。東海寺が立地する布施村は、利根川《とねがわ》水系と隣接しており、弁財天が勧請《かんじょう》されたのはこうした地理的環境によるところが大きい。東海寺の別称が、地名を付して「布施弁天」と呼ばれる所以《ゆえん》である。

次に境内地の確認である。除地となっている境内地には、堂舎として本堂・庫裏・客殿などが存在していた。また、鎮守として二社（「香取大明神」「妙見大菩薩」）が祀られるほか、計一六社の末社を確認することができる。境内地に多数の末社を抱えていることに加え、「本多伯耆守」が寄進《きしん》した「祈願所」までをも有することから、神仏習合的な要素の強い寺院であるといえるだろう。あえていえば、現世利益的信仰に支えられた境内空間であると認識されよう。

このことは、檀家の構成からも読み取ることができる。「菩提檀家」、すなわち葬祭檀家はわずか一〇軒であるものの、「祈願檀家」を一七五軒も抱えている。葬祭寺院としての体裁は整えつつ、実質は祈禱寺院であるとみなすことも可能である。また、七町歩もの「田畑」を有している点も特筆すべき事柄である。檀家に依存しない寺院経営であったことを推測させよう。

東海寺の来歴

以上のように、東海寺に関する概要を把握したところで、課題となっていた開基について確認していく。現存する史料からは、東海寺がどの時点で建立されたのかを明確に示す記述はみつからない。ただし、以下の史料を確認することで、東海寺と弁財天の来歴をある程度知ることができる（一部読み下し、『柏市史　史料編五』）。

延宝二年　布施弁財天草創之事

一、天野左兵衛様御知行所、下総国相馬郡小金領《こがねりょう》布施郷大井庄《おおいのしょう》布施村弁才天開基は、当村ニ人家を離れたる山あり廻リに水有りて、形は亀ノ浮へるに似たるとて、里人亀甲山と名付たり、是れ景地ニして弁才天を祭るべきとの地なりと思ひ付き、（中略）後藤又右衛門利広願主ニて、里人を集め、藁《わら》ニて小社を造リ弁才天を祭る（後略）

この史料によれば、布施村に「弁才天」が祀られるようになったのは、延宝二（一六七四）年のことである。数多い仏神のなかから、弁財天が勧請されることになったのは、「廻リに水有りて」と「景地ニして弁才天を祭る」という二つの文言から推し量ることができよう。すなわち、利根川水系に隣接するという立地条件が、その理由の一つとなる。

加えて、この地は弁財天が祀られる以前から、豊かな景勝地であった。これも重要な要因である。

また、後略した部分には、「別当東海寺祐長と願主利広と心を合せ、（中略）此所ニ草創の小社を祭ル」と記されており、「弁才天」が勧請されたことに伴って、東海寺が別当《べっとう》となったことがわかる。弁財天を勧請する以前から、東海寺はいずれかの地に存在していたものと判断されよう。ただし、この記述からは、東海寺が延宝二年時点でどこに立地していたのか判然としない。この点を確認するため、次の史料をみてみよう（一部読み下し、『柏市史　史料編五』）。

元禄十五年東海寺より留守居差し置く事

一、元禄十五壬午御検地帳御渡し遊ばされ候、東海寺義は、鎮守妙見之社地ニ住居候えども、亀の甲山除地ニ相成り候ニ付、弁才天社地へ同年出張仕り留守居差し置き候

この史料には、布施村に弁財天が祀られるようになってから二八年後、すなわち元禄一五（一七〇二）年の様子が記されている。この時点で、東海寺は「鎮守妙見之社地」に立地していた。これは、「弁才天」とは別地である。そして、東海寺の住職が、「亀の甲山」にある弁財天に「留守居」を派遣することとなった。その契機は、いわゆる「元禄検地」

である。元禄検地は、関東を中心に実施され、近世初期以降の新規開発地とともに、無主空白地の把握がその眼目であったことが知られている。この点に鑑みれば、布施村の弁財天が祀られた土地についても、元禄検地によって検出され、その地が除地として認められたものと考えられる。

東海寺境内の移転

ここまで確認してきたように、もともと東海寺は、布施村の「弁才天」とは異なる場所に立地していた。それでは、東海寺の境内地となっていた妙見社の社地はどこにあったのだろうか。そして、どの時点で現在地へと移転するに至ったのか。この様子を知ることができる史料を提示する（一部読み下し、『柏市史史料編五』）。

一札之事

一、東海寺儀、只今迄弐ヶ所住居ニて、諸事難儀致され、我々方へ相談成され候は、古屋《こや》ニ御座候寺を弁才天之山中へ引っ越し申され度由願い申され候、此儀何れも相談之上、尤《もっとも》ニ存じ奉り候、之に依り右之訳御代官《だいかん》様へ仰せ上げられ、寺引っ越し申し様ニ成し下だされ候ハ丶、かたじけなく存じ奉るべく候、以上

宝永元年申九月晦日　善兵衛　印

（以下一〇名略）

又右衛門殿

宝永元（一七〇四）年に作成されたこの史料によれば、元禄一五（一七〇二）年以降、東海寺の住職は、「弐ケ所住居」の状態にあった。亀の甲山にある「弁才天」が一ヵ所。そしてもう一つは、「古屋ニ御座候寺を弁才天之山中へ引っ越し」という部分から、「古屋」であったことがわかる。柏市布施地区には、「古谷」の地名が現存しており、現在東海寺が立地する場所との距離は、直線距離にして一キロ程度である。東海寺は、もともとこの「古谷」に立地していたと考えてよいだろう。東海寺がこの地から移転することによって、「弁才天」は名実ともに同寺と一体化することとなった。「布施弁天」の誕生である。

なお、天明八（一七八八）年に作成された「口上」の表題をもつ史料では、「紅龍山《こうりゅうざん》松光院《しょうこういん》東海寺は、宝永二年乙酉年古谷妙見之社地より引っ越し候」と記されており、東海寺の移転が宝永二年であったことを示している（『柏市史　史料編五』）。

近世も中期にさしかかろうとする時期、「古屋」（「古谷」）に立地していた東海寺の住職は、わざわざ弁財天の社地に留守居を派遣するようになり、そののち寺院地まで引き払って移転を決めた。その理由はどこにあるのだろうか。すでにこの時点で、弁財天が地域の人々から信仰を集めつつあったことは想像に難くない。また、先に示した寛政七（一七九五）年の史料では、葬祭檀家は一〇軒しかない。移転の決断をした宝永年間（一七〇四

〜一二）でも、その数に大差はないだろう。この地域において、大幅な人口増加などが見込めなければ、葬祭檀家数が大きく増加する可能性は低い。

寺院経営上のこうした課題を克服するためには、新たな祈禱檀家や参詣者を獲得する必要がある。また、所持耕地の集積も不可欠である。そこで東海寺の住職は、近隣の弁財天に目をつけた。同寺が弁財天の地に移転する背景には、こうした経営戦略上の意図を読み取ることができる。

東海寺住職の配札

過少な葬祭檀家しかもたない東海寺にとって、そこから得られる檀徳収入で経営を維持することは容易ではない。寺檀制度の枠組みは、東海寺の経営を安定化させるという方向に作用していないことになる。こうした状況を打開するためには、別の収入手段を確保しなければならない。

また、檀家の立場に立てば、少数の戸数で寺院を経済的に支えることには限界がある。檀家一軒あたりの金銭負担も多くなることだろう。寺院経営が立ち行かなくなり、無住となることで葬祭や寺請の影響を受けるのは、まさにその地域に暮らす人々である。

こうした環境のなかで住職が選択したのは、弁財天信仰を取り込み、東海寺と一体化させるという戦略だった。このような選択は、同寺の住職にとっても葬祭檀家にとっても、とりうる最善の方策だったのではないだろうか。

さて、こうした方策は、その後の東海寺にどのような影響を与えたのだろうか。次に掲げる史料は、葬祭檀家や祈禱檀家といった檀家組織の枠組みを超えた東海寺住職の宗教活動を示している（一部読み下し、『柏市史　史料編五』）。

　寛保二年　疱瘡《ほうそう》祈禱之事

下総国御領分疱瘡流行之由、仍って御領内百姓勤め無きため、東海寺ニ於いて祈禱これを仰せ付けらる、委細は東海寺へ御代官より演説書を相達せらるべく候、且《か》つ又右守札《まもりふだ》御領大小之百姓残らず拝受仕り候様ニ申さるべく候、

右寛保弐戌年三月五日船戸《ふなと》御役所へ布施村、東海寺幷名主両人召し呼ばれ仰せ渡され候、三月八日より御祈禱開闢《かいびやく》（後略）

右文書は、寛保二（一七四二）年に作成された史料である。東海寺の境内地が弁財天の社地に移転してから約四〇年の年月が流れていた。この年、下総国では疱瘡が流行し、人々の生活に大きな影響を与えることとなる。こうした事態に苦慮していたのが、この地域を支配する「御代官」である。布施村をはじめとする近郊地域は、三河国田中藩《みかわのくにたなかはん》の飛び地であった。東海寺が立地する布施村は、この「御代官」によって支配されている。

よく知られているように、この時代、疱瘡は致死率の高い病である。こうした感染症の流行は、耐性のない乳幼児や高齢者はもとより、成人の場合であってもその死亡率を急激

に上昇させる。医療水準の高くない近世にあって、このような事態の発生は、支配統治体制を不安定化させる大きな要因であった。この地を預かる代官に求められたのは、どうにかして疱瘡の流行を防ぐとともに、人々の不安感を少しでも取り除くことである。

ここで代官が着目したのが、東海寺の存在である。先述したように、弁財天は水利に関わる神であるとともに、福徳財宝をもたらす現世利益的な信仰を集めていた。東海寺住職に命じられたのは、この史料によれば以下の二点である。一点目は「東海寺ニ於いて祈禱」を行うこと。二点目は「守札御領大小之百姓残らず拝受仕り候様ニ」することである。

この時代の宗教者は、村や支配統治者からの要請によって、しばしば祈禱を行っている。例えば、雨乞いの類いなどがこれに該当するだろう。疱瘡の流行にあたって田中藩の代官から命じられた祈禱は、社会的な要請の延長線上にある。

もう一つ、代官から指示されたことがある。「守札」の配札である。この守札は、いうまでもなく疱瘡除けの祈禱札であろう。この時代、疱瘡は「疱瘡神」という人間の格好をした疫病神によってもたらされると考えられており、家への侵入を防ぐために、祈禱札を家内に貼ることが一般的であった（飯島渉『感染症の歴史学』）。東海寺の住職に要請された配札は、人々のこうした認識にもとづいている。

史料の後略部分には、配札の対象となる四一ヵ村の村名とともに、「凡《およ》そ惣札数壱万五千余」と記されている。約一万五〇〇〇枚の守札を用意するということからも、大規模な配札になったことが想像されるだろう。この様子を表23から確認しよう。

同表は、東海寺の住職による祈禱札の配札対象となった村々について、その行程をまとめたものである。村名を同定することができない村が二ヵ村、重複する村が一ヵ村（「中沢村」）存在するものの、廻村にあたっての概況を知ることができるだろう。

まず、支配関係に関しては、そのすべてが田中藩領、あるいは田中藩と幕領の相給《あいきゅう》となっている。相給とは、一つの村を複数の領主が支配する方式で、特に関東農村によくみられる。配札は、代官の指示によって決定されたことからもわかるように、藩による疱瘡対策の一環といえる。そのため、田中藩が下総国にもつ飛び地の全域を網羅している。現在の行政区分にすると、我孫子《あびこ》市・柏市・鎌ケ谷《かまがや》市・流山《ながれやま》市・野田《のだ》市・松戸《まつど》市と広域にわたる配札であった。

また、史料には、日付とともに村名が記されている。このことから、各村から代表者が東海寺まで足を運んだのではなく、住職がわざわざ巡回して手渡したと考えられる。ただし、日程を確認する限り、各村において個別の家を廻ったのではなく、名主らに村民分の祈禱札を一括して預けたものと考えられる。

次に配札の数的規模である。史料中には、先記の通り「凡そ惣札数壱万五千余」と記さ

表23　寛保2年東海寺住持による配札（村高単位：石）

	行程	村　名	支　配	村高	戸数	人数	基準年	現行政区
1	3月8日	上総内村	田中藩	136	11	41	明治24年	松戸市
2		下戸村	田中藩・幕領	374	68	241	明治24年	我孫子市
3		八ヶ崎村	田中藩・幕領	430	40	241	明治5年	松戸市
4		青山村	田中藩	235	70	414	明治24年	我孫子市
5		馬橋村	田中藩・幕領	728	122	723	明治5年	松戸市
6		布施村	田中藩・幕領	765	157	157	元禄15年	柏市
7	3月9日	増尾村	田中藩・幕領	627	95	443	寛保元年	柏市
8		松ヶ崎村	田中藩	277	76	347	元禄15年	柏市
9		藤心村	田中藩・幕領	380	46	305	明治5年	柏市
10		高田村	田中藩	238	144	883	明治24年	柏市
11		逆井村	田中藩・幕領	375	57	418	明治5年	柏市
12		篠籠田村	田中藩	305	67	439	明治5年	柏市
13	3月10日	塚崎村	田中藩・幕領	549	76	500	明治24年	柏市
14		花野井村	田中藩・幕領	439	123	517	文化6年	柏市
15		大井村	田中藩	506	42	251	明治24年	柏市
16		中沢村	田中藩・幕領	430	75	475	明治5年	鎌ケ谷市
17		大室村	田中藩・幕領	459	105	484	文化6年	柏市
18	3月11日	五条谷村	田中藩	25	15	98	明治24年	柏市
19		小青田村	田中藩・幕領	97	21	151	元禄15年	柏市
20		若白毛村	田中藩	160	54	340	明治24年	柏市
21		舟戸村	田中藩・幕領	284	65	366	寛保元年	柏市
22		藤ヶ谷村	田中藩	408	76	497	明治24年	柏市
23		大青田村	田中藩	655	100	483	元禄15年	柏市
24	3月12日	高柳村	田中藩	415	84	551	明治24年	松戸市
25		佐津間村	田中藩	153	31	213	明治5年	鎌ケ谷市
26		粟野村	田中藩	91	38	227	明治5年	鎌ケ谷市
27		山高野村	田中藩	97	27	154	寛保元年	柏市
28		木野崎村	田中藩	811	190	1012	元文3年	野田市

29	3月13日	道野辺村	田中藩	256	43	284	明治5年	鎌ヶ谷市
30		中沢村						
31		大島田村	田中藩	155	36	237	明治24年	柏市
32		正連寺村	田中藩・幕領	54	12	54	元禄15年	柏市
33	3月14日	根本村	田中藩	92	72	490	明治24年	松戸市
34		西深井村	田中藩	718	120	663	明治24年	流山市
35		竹ヶ花村	田中藩・幕領	64	25	143	明治5年	松戸市
36		加村	田中藩	369	121	792	明治5年	流山市
37		千駄堀村	田中藩・幕領	483	49	244	元禄15年	松戸市
38		鰭ヶ崎村	田中藩	624	58	350	宝永5年	流山市
39		御□村						
40		目吹村	田中藩・幕領	841	130	761	元禄15年	野田市
41		茅橋村						
合計					2741	14989		

（註1）『角川日本地名大辞典12 千葉県』角川書店，1984年より作成．

（註2）表中の「基準年」は各村の戸数及び人数の調査年を指す．

（表3）の各村の「村高」は『旧高旧領取調帳』記載による．

（註4）№30の「中沢村」は№16と重複しているためここでは省略した．廻村が2度あったものと考える．№39「御□村」と№41「茅橋村」は村名同定不能．

（註5）№9の「藤心村」には代官所が設置された．


れていた。ここに記された「札数」は、何をもとに計算されたのであろうか。この地域全体の家数、あるいは総人口のいずれかであろう。

この点を確認するために、表23では各村の戸数と住民数を示している。表中の数字は、『角川日本地名大辞典 千葉県』をもとにしているため、時間軸の幅が元禄期から明治中期にまで広がっている。東海寺の住職が実際に配札をした寛保二年からの隔たりも大きい。いちおうの参考値として扱うこととしよう。

廻村した村々の総戸数は、全

体で二七〇〇戸余り。史料中に登場する「壱万五千余」という数字からは、大きくかけ離れている。そこで、総人口に目を向けると、村々の合計人数は一万五〇〇〇人弱であり、配札数と近似していることがわかる。村名を比定できない二ヵ村を加味しても、この数字に大差はあるまい。つまり、東海寺の住職による配札の対象は、戸別ではなく、下総国の田中藩領内で生活するすべての人々であったと考えるのが妥当である。その準備には、さぞかし大変な労苦を要したことだろう。

　これだけの準備と苦労を重ねたことが、東海寺の経営にどのように寄与したのだろうか。この点は気になるところである。

配札の成果

上総国《かずさのくに》における疱瘡除札の配札実態を論じた山本光正は、同国望陀郡大谷村《もうだぐんおおやつむら》の持明院《じみょういん》住職による配札が村民各個人を対象としながらも、その対価は各戸を単位として回収されていた様子を描出している（同「上総国望陀郡大谷村における加持・祈禱」）。この知見を得たうえで、改めて先の史料をみてみると、後略した部分には、「家壱軒ニ付、村々より銭五文宛」と記されている。東海寺住職が用意した祈禱札は、村民個人に配布される一方で、その対価は各戸を単位としていた。山本が発掘した事例と同様である。

　次に、金額の確認をしておこう。「村々より五文宛」となっていることから、村入用《むらにゅうよう》より支出された可能性がある。現代でいえば、町内会費より支出されたと例えるとわかりやすい。そして、この五文に東海寺の住職が廻村した村々の全戸数を二七〇〇戸として乗じれば、配札による収入が一万三五〇〇文、すなわち一三貫五〇〇文であると算出される。あくまでも目安の金額ではあるが、当時の公定価格では金三両余り、実勢価格では二両余りとなる（児玉幸多ほか監修『日本史総覧Ⅳ　近世二』）。東海寺住職は、この配札によって二〜三両程度の金額を得ることができたと結論される。

問題なのは、この金額の評価である。多くの手間と労力を費やして祈禱札を準備し、住職自らが各村を訪問して得られた金額である。それに要した経費を考えれば、決して多額であるとはいえまい。そうした視点に立つと、配札による収入以上の経済的利益がここに隠されていることが想像される。

疱瘡除けの祈禱札を配札することが、東海寺の住職のみに委嘱されたという確証はない。そうであったとしても、その担い手として選ばれたこと自体が重要である。すでにこの時点で、東海寺の祈禱札が疱瘡除けには適していると代官に認識されていたはずである。さらに、住職が守札を持参して廻村することで、この地域における同寺の知名度が向上したに違いない。このことは、祈禱檀家や参詣者の増加につながっただろう。こうした知名度こそ、少数の葬祭檀家しかもたない東海寺にとって、今後の経営を左右する有力な資産となった。

弁財天の開帳

東海寺の住職は、代官からの依頼によって疱瘡流行時の祈禱札を配札するなど、田中藩領内においてその認知度を高めていった。このことは、同寺の住職が祈禱札の配札に適任であると認識されていたことを想起させる。加えて、こうした民心安定策の一端を担うことで、現世利益的な信仰を求める参詣者の増加につながったものと考えられる。寺院経営の多角化が、ここから始まった。

ただし、疫病の流行が一過性のものであれば、人々の継続的な参詣は見込めない。仮に参詣者の増加があったとしても、それは一時的な効果をもたらすのみであろう。認知度の上昇を恒常的な参詣者につなげるためには、次なる手が必要である。

こうした点に留意しながら東海寺関連の史料を読み進めていくと、同寺の住職は、近世中期以降、盛んに開帳を催していたことを知ることができる。開帳とは、「社寺が日ごろ厨子のなかに安置秘蔵する神仏・霊宝などを一定期間公開し広く人々に拝観させること」と定義されるように、通常は非公開となっている寺宝を一般に公開することである（『国史大辞典 第三巻』）。東海寺の場合には、弁財天がこれに該当する。これをあえて「秘仏」とすることで、開帳時には多くの参詣者を期待することができる。人々の心理に働きかける巧みな経営戦略といえるだろう。

次に表24を用意した。これは、史料上から確認される東海寺の開帳をまとめたものである。これまでの研究史では、自らの寺院境内地を会場として行う開帳を「居開帳《いかいちょう》」、ほかの会場を借りて行う開帳を「出開帳《でかいちょう》」と分類して分析を進めてきた（北村行遠『近世開帳の研究』）。ここでもこれに従って作表している。同表を用いて、東海寺の開帳について確

表24　東海寺開帳年一覧

	開帳年		開帳の形態		備　考
	年　号	西暦	居開帳	出開帳	
1	宝永3年	1706	○		
2	宝永6年	1709		○	
3	正徳4年	1714		◎	
4	享保3年	1718		◎	
5	享保4年	1719		◎	
6	享保12年	1727		◎	
7	延享2年	1745	○		弁天堂改修記念
8	寛延2年	1749	○		
9	宝暦11年	1761	○		
10	明和7年	1770		◎	
11	安永2年	1773	○		
12	安永4年	1775		◎	
13	天明5年	1785	○		
14	寛政8年	1786		◎	
15	寛政9年	1787	○		
16	文化2年	1805	○		開基1000年記念
17	文化6年	1809	○		
18	文化15年	1818	○		鐘楼堂上棟記念
19	文政4年	1821	○		
合　計			11	8	

（註1）柏市史編纂委員会編『柏市史 史料編五』および長谷川匡俊「関東三弁天布施弁天の開帳と庶民信仰」（桜井徳太郎編『日本宗教の複合的構造』弘文堂，1978年．のち長谷川匡俊『近世の地方寺院と庶民信仰』岩田書院，2007年に第３編第２章として所収）より作成．

（註2）◎は複数の場所での巡業開催．

（註3）上記以外に参勤中の水戸藩主への開帳（享保５年）が確認される．

認していきたい。

同表では、文政四（一八二一）年までの間に、全一九回の開帳が確認される。居開帳が一一回、出開帳が八回であり、全体としてみると、両者の回数は拮抗している。より詳細に確認すると、史料上初見となる居開帳から二度目の居開帳までは、約四〇年の空白期間があり、その後は断続的かつ不定期の開催にみえる。ただし、寛延二（一七四九）年からは、堂舎の改築など記念となる開帳を除けば、一二年に一度の居開帳が催されていた。近世中期以降、干支でいうと巳《へび》年の居開帳が定例化された様子を知ることができる（長谷川匡俊「関東三弁天布施弁天の開帳と庶民信仰」）。

ここでまず注目したいのは、開帳の初見年である。これが、居開帳として宝永三（一七〇六）年に開催されている。東海寺の境内地が弁財天の社地へと移転した年時を思い出して欲しい。移転が完了したのが宝永二年であることから、その翌年の開帳であることに気づくだろう。東海寺の住職は、同寺と弁財天を一体化させた直後から、居開帳を開始したことになる。この弁財天をいかに重要な経営上の資産としてみなしていたかを知ることができる。

次に確認される宝永六年〜享保一二（一七二七）年までの開帳は、いずれも出開帳である。一八年間で五回の開帳ということは、四年弱に一回という計算になる。短期間のうちに、立て続けに出開帳が開催されていた様子を知ることができよう。しかも、五回の出開帳のうち、四回は複数箇所での開催である。

出開帳の場合には、居開帳とは異なり、会場となる場所に賃料を支払う必要がある。開催期間中、住職がそこに常駐することはできないので、出開帳の管理を委ねる人物を配置しなければならない。ほかに寺宝の輸送費や広告宣伝費などの出費も想定される。それだけのことをしても、採算が合わなければ、わざわざ出開帳を開催する意味はない。

出開帳の利益

そこで次に、出開帳による経済的利益について確認していこう。ここに提示するのは、江戸での出開帳の様子を記した文書である（一部読み下し、『柏市史　史料編五』）。

弁才天江戸開帳之事

一、寛政八酉年四月八日より六月二日迄、日数六十日、六月三日より日数廿日之日延、都合八十日之間、江戸大塚《おおつか》護国寺《ごこくじ》山内観音堂《かんのんどう》ニ於いて、布施弁才天開帳仕り候、此節大塚開帳後ニ御領主様御上屋敷へ上がり開帳、六月廿四日六ツ時迄ニ遣わされ候、

（後略）

この史料で確認されるように、東海寺の住職は、寛政八（一七九六）年に江戸大塚の護国寺と領主本多氏の上屋敷《かみやしき》を会場として、出開帳を開催した。先掲の表24で◎印となって

いるのは、この出開帳が二ヵ所を会場としているためである。護国寺は、新義《しんぎ》真言宗寺院で、五代将軍徳川綱吉《とくがわつなよし》が帰依《きえ》していた亮賢《りょうけん》が天和元（一六八一）年に創始した。綱吉の母・桂昌院《けいしょういん》のために建立され、幕府祈願所としての地位を確保した。一二〇〇石の寺領を有する大寺院である（圭室文雄編『日本名刹大事典』）。多数の参詣者を期待することができる会場として、申し分のない寺院であろう。

一般の人々に公開されたと考えられる護国寺での開帳は、当初六〇日間を予定していた。これが二〇日間延長され、二ヵ月以上にわたる長期開催となった。その盛況ぶりが想像されよう。

さて、ここで確認しておきたいのは、この江戸開帳による収入である。この史料で後略した箇所には、「開帳中収納　一、金百廿七両余　但シ御屋敷ハ外《ほか》也」と記されている。一八〇日間の総収入が一二七両あまり、一日平均で金一・五両強の計算になる。一般公開された護国寺での出開帳収入が、これだけの多額にのぼったことが判明する。会場代をはじめとする必要経費を差し引いても、かなりの金額が東海寺の収入になったことだろう。

また、「但シ御屋敷ハ外也」という文言は、領主である本多氏上屋敷での開帳を指している。これについては、やはり後略部分に、「御殿様」以下九名の名とともに、各金五〇〇疋（金一両一歩）～一〇〇疋（金一歩）、計五両一歩を「御拝領」したと記されている。この収入も確かに重要ではある。ただ、護国寺での出開帳収入には比べるべくもない。むしろそれ以上に重要なのは、東海寺の弁財天に対して、領主自らがその価値を認め、これを自らの江戸屋敷で開帳させた点である。領主の上屋敷を会場として、同寺の弁財天を特別公開し、「御殿様」の実見を得たことは、秘仏としての箔《はく》を大いに高めたのではないだろうか。特に、本多氏の領国内における同寺の宣伝活動に活用されたことが想像されよう。

このように、出開帳の開催は、東海寺の知名度を高めることに寄与したと考えられる。出開帳によって、東海寺の存在を広く知らしめることが、多数の参詣者を呼び込むことにつながった。そしてこうした宣伝活動こそが、同寺の住職をして、疱瘡流行時の守札の配札に適任であると認知させることにつながったものと考えられる。

居開帳の様子

次に、居開帳の様子を確認しよう。先述したように、近世中期にあたる寛延二（一七四九）年以降は、居開帳が巳年ごとに開催されるという形式になった（一部読み下し、『柏市史　史料編五』）。

差し上げ申す一札之事

一、弁才天本堂客殿幷末社　悉《ことごと》く大破に及び、自力ニ付ては叶い難く、修復助成の為、来ル二月廿日より四月十日迄五十日之間、布施村東海寺境内ニて開帳願い之通リ御免成し下だされ、有り難く存じ奉り候、これに依り、開帳中人多ニもこれ有るべく候間、喧嘩口論相慎み、火之元等入を念れ諸事騒敷これ無き様仕るべき旨仰せ渡され畏れ奉り候、尤も開帳相済み候ハヽ、早速御届け申し上ぐるべく候、後証の為、仍って件の如し

延享二年丑正月　　布施村　東海寺

舟戸　御役所

右東海寺へ仰せ渡され候趣、私共一同承知奉り候、これに依り奥印仕り差し上げ申し候、以上

四月十日開帳相済み候ハヽ、即日御注進申すべく候事

名主　又右衛門

（他一〇名略）

右の史料は、延享二（一七四五）年の居開帳開催にあたり作成された文書である。時期としては、居開帳が定例化される以前にあたる。この居開帳は、「弁才天本堂客殿幷末社悉く大破に及び、自力ニ付ては叶い難く、修復助成の為」という文言からわかるように、堂舎の修復にあたって、その費用を捻出するために企画された。残念ながら、この前後の史料を確認しても、本堂以下の堂舎がどのような理由で大破に及んだのかは不明である。

ただし、堂舎の維持管理は、いずれの寺院にとっても課題であったことは想像に難くない。特に東海寺の場合、葬祭檀家からの収入のみでは、その経営を維持していくことが困難である。そのため、広く参詣者を集めることが死活的に重要であった。こうした理由から、本堂をはじめとする境内の景観的な環境を整備することが必要であったものと考えられる。多数の参詣者と堂舎修復のための費用を同時に確保することができる居開帳は、東海寺の住職にとって魅力的な選択肢であったに違いない。幸いにも、出開帳を重ねることで、同寺の弁財天は秘仏としての知名度を増している。居開帳を開催する条件は揃っていた。

居開帳と地域社会

ここで居開帳に関する先の史料の差出人を確認しておこう。本文の差出人が「東海寺」となっている点は当然である、加えて、「右東海寺へ仰せ渡され候趣、私共一同承知奉り候、これに依り奥印仕り差し上げ申し候」と記され、名主以下の人物計一一名がこれに押印している。ここからは、同寺の居開帳が、東海寺のみで開催される性格のものではなく、当該村を巻き込んだ形式で開催されていることを傍証している。いうなれば、こうした居開帳は、地域ぐるみの催事であった。

このことを示す史料が、次のように残されている（一部読み下し、『柏市史　史料編五』）。

恐れ乍ら書き付けを以って願い上げ奉り候

一、布施村弁才天当二月廿日より四月十日迄、境内に於いて開帳仕り候、これに依り、開帳中寺内ニて神楽《かぐら》幷見せ物等出シ申したく存じ奉り候、鳴物御免下し遊ばされ候様ニ願い奉り候、願之通り仰せ付けられ下され候ハヽ、有り難く存じ奉るべく候、以上

延享二年丑二月

名主　又右衛門
組頭《くみがしら》　伊左衛門
(他九名連印)

内容を整理していこう。この史料は、先に確認した居開帳の申請から一ヵ月後に作成された。差出人は名主および組頭となっている。ここで注目したいのは、傍線部の箇所である。弁財天の公開に際して、この期間中に「神楽幷見せ物」興行を企画している。しかも、その主体は名主ら村役人が担っている。もちろん、こうした興行は、東海寺住職の許可を得たうえでの願い出だろう。

以上の点をふまえると、秘仏の開帳は東海寺、そしてそれに付随する見世物興行などは村役人らが主体となっていた様子が看取される。東海寺の居開帳によって、村側には娯楽の機会がもたらされるとともに、経済的利益も還元されていた可能性もある。

ここで類例をあげておこう。上野国山田郡大間々町《やまだぐんおおままち》（現群馬県みどり市）の町鎮守に関して分析した時枝務は、神事を担う神主（あるいは別当）と手踊りなどの興業を担う若者組という構図を提示している（同「祭礼と里修験」）。この図式を東海寺の事例に当てはめて考えると、東海寺住職による仏事としての開帳、村役人らを主体とする見世物興行といった構図を提示することができよう。両者を一体とさせることで、居開帳に娯楽的な要素を付加する。参詣客を増加させるための見事な方策である。

名所の「創造」

ここまでに確認したように、東海寺は葬祭檀家に依存することなく経営を維持するための基盤を着実に構築していった。人々の信仰心と好奇心に働きかけながら、参詣者を獲得していく。そのために利用されたのが、同寺の弁財天である。

ただし、東海寺の居開帳は、近世中期以降は一二年に一度開催されるのみである。この頻度を高めれば、秘仏としての価値を損ないかねない。かといって、この居開帳に依存するのみでは、毎年の安定した収入を期待できそうもない。この矛盾をどのように克服するのか。東海寺にとって、新たな資産をつくり出すことが必要である。

例えば、先述したように、江戸浅草の浅草寺は、門前に商店街を形成することで、賑わいをみせていた。同様の事例は、全国各地の寺社にもみられる光景である。また、原淳一郎は、富士山と大山《だいせん》を事例として、それぞれを複合的に結節させ、一体化させることで参詣者を獲得している様子を「名所のセット化」と呼称して、その実態を詳述している（同「近世期名所のセット化と富士・大山参詣」）。

東海寺の場合には、近隣にセット化させられるような名所や宗教施設が存在しない。そこで同寺の住職は、次の史料にみられるような一案を実行に移した（一部読み下し、『柏市史　史料編五』）。

恐れ乍ら書き付けを以って願い上げ奉り候

一、当寺先々住秀調存生之内、弁才天より南之方田谷向へ桜を立て相仕り申したく年久しく心懸候えとも、地所百姓持ちに御座候間自力に及び難く、四ヶ年以前秀調遷《せん》化《げ》候、則《すなわ》ち拙僧方へ申し聞かせ候は、兼々《かねがね》心願之桜山之儀、江戸表懇意成る旦方《だんぽう》へも粗く頼み置き候間、我等相果て候以後も怠無く心掛ケ、何卒桜山ニ取り立て申すべき段、遺言仕り置き候ニ付、（中略）百姓持ちニ御座候へハ、引き替えニ遣スべき相応之地所御座無く差し支え申し候、これに依り願い上げ奉り候ハ、布施村御林之内凡そ三町歩程下し置かれ候ハヽ、当林上木之儀ハ御薪ニ御伐らせ遊ばされ、跡地代金御積りを以って何分にも仰せ付けられ次第差し上げ、尤御年貢永々上納仕り候つもりニ成し下され候ハヽ、御寄進御同然有り難き仕合せニ存じ奉るべく候、且又《かつまた》江戸表ニて秀調頼み置き候旦方共、地代金之積講掛ケ等も仕り置き候も御座候ニ付、右之通リ御願い申し上げ候、願い上げ奉り候通リ仰せ付けられ下され候ハヽ、有り難き仕合せに存じ奉り候、以上

延享二年丑八月　　　　布施村　東海寺

舟戸　御役所

（後略）

現在、東海寺に隣接する丘陵には、「あけぼの山公園」が整備され、そこに植樹されている多数の桜木が春先の花見客を楽しませている。この地域における桜の名所というべき場所である。ここに提示した史料は、延享二（一七四五）年に作成されたこの「桜山」の造営に関する文書である。紙幅の関係上で後略とした箇所には、布施村の名主以下計一二名が連記されている。

内容を確認していくこととしよう。一つ目の傍線部には、先々代の住職である「秀調」なる人物が、東海寺に近接した「百姓持ち」の場所に「桜を立て相仕り申」すことを長年の悲願としていたことが記されている。にもかかわらず、この計画が進まなかったのは、ひとえにこの地が「百姓持ち」であったことに起因している。

そこで東海寺の現住は、布施村が所持している「御林」に目をつけた。ここの「上木」

を薪木として伐採したうえで、いくばくかの金銭を添えて百姓持の地所と交換するというのである（傍線部三つ目）。むろん、この案を実行に移すためには、多額の費用が必要である。東海寺の住職が頼りとしたのは、傍線部二つ目と四つ目に登場する「江戸表懇意成る旦方」（あるいは「江戸表ニて秀調頼み置き候旦方共」）である。つまり、この時点で、東海寺には資金を用立ててくれそうな有力者が江戸に存在するということになる。東海寺の立地場所（現千葉県柏市）と江戸との地理的な距離を勘案すると、やや奇異な印象をもつのではないだろうか。

村を巻き込み出資を募る

ここで思い出して欲しいのは、同寺が繰り返し開催してきた出開帳である。東海寺が出開帳を開催した場所には、先述のように江戸が含まれている。この出開帳が、江戸における同寺の知名度を高め、「懇意成る旦方」ができたとしても不思議ではない。あるいは、出開帳以前からそうした人物が存在し、その支援をうけて出開帳が開催された可能性もある。江戸における出開帳は、結果として、東海寺が立地する場所から離れた江戸にも同寺を支援してくれる人物を見出した。

いずれにせよ、百姓が所持する土地を「桜山」の地所として取得するにあたり、金銭的な支援を期待することができるということは、それなりの経済力をもった人物であったことだろう。新たに土地を取得し、そこに桜木を植樹するという事業を推進するためには、こうした人物の存在が欠かせない。また、この史料に名を連ねているのが、東海寺が立地する布施村の村役人であることも見逃すことができない事実である。村方としても、この計画に賛同し、積極的に関与していたといえるだろう。

東海寺が主体となって、村をあげてそれに協力し、経済的な後援者をみつけたうえで桜山を造営する。東海寺の住職が発案した桜山の造営事業は、同寺を取り巻くこうした人々の支援によって進められようとしていた。

檀家以外からの出資

こののちの経過はどうなったのであろうか。宝暦一一（一七六一）年に作成された「桜山仕立て候地所書き上げ内積」の表題をもつ史料の内容から概言しておこう。この史料では、計五名の所持地所に東海寺所持の五反歩余りを加え、計三〇〇〇坪が「桜山」として開発されることになったことがわかる。この史料の後半部分を次に確認することとしよう（一部読み下し、『柏市史　史料編五』）。

（前略）

右之地所寄付致され候ニ付、代金として拾五両奉納成され、慥《たし》かニ受け取り申し候所実正也、然る上ハ御寄付地永々当院住持移転致し候共、他へ相渡シ候儀堅く致すまじく候、尤も講中御家内安全子孫繁栄之御祈禱、当寺之嗣子《けいし》永々丹誠を祓うべく候、後日の為、証文仍って件の如し

宝暦十一年巳元旦　　布施村　東海寺

関宿向川岸　北村平左衛門殿

（以下二一名略）

後略とした宛先の人名には、「江戸新橋《しんばし》　足利屋佐七」の名が確認される。先掲史料に記された「江戸表懇意成る旦方」は、この人物であったと考えられる。江戸の新橋で屋号をもつ人物だけに、何らかの商売に従事していた可能性が高い。史料をみると、こうした人物を含め、二二名から計一五両の金額が東海寺に奉納された。その使途は、もちろん桜山を造営するための地所を取得する費用である（「地所寄付致され候ニ付、代金として拾五両奉納」）。

この対価として、東海寺の住職は以下の二点を約束している。一点目は、「御寄付地永々当院住持移転致し候共、他へ相渡シ候儀堅く致すまじく候」と記されるように、一五両の寄付金をもって取得した土地について、転住や代替わりがあったとしても、他の人物に譲渡しないことを誓約している。土地取得の経緯を考えれば、当然といえるだろう。そして二点目は、「講中御家内安全子孫繁栄之御祈禱」を永代にわたって行うことである。

ここで注目すべきは、土地取得の金銭を募るにあたり、「講中」が組織されている点である。この組織は、一五両を調えてくれた二二名よって構成されていると考えられよう。

葬祭檀家や祈禱檀家が含まれている可能性があるものの、それとは別に組織されたことをうかがわせる。

寺院は檀家によって支えられているという固定概念は、文字通り、固定概念に過ぎない。檀家や檀家組織はもとより、それ以外の人々が、重層的にそれぞれの寺院と関係をもっている。寺院を一つの経営体としてみるとき、そうした人々の存在が、より明瞭に浮かび上がってくる。

経営の多角化を志向する住職

歴代の東海寺住職は、祈禱札の配札や積極的な開帳によって、葬祭檀家に依存しない経営を模索してきた。その成否を左右する一つとなるのが、参詣者の多寡である。そこには、人々のもつ現世利益的な信仰を惹起させるとともに、参詣者を集めるための娯楽的な要素が必要であったに違いない。境内空間を含めた周辺地域の環境をいかに整備するのか。いわば「名所の創造」が東海寺の経営に求められた。近世中期に企図された桜山の造営は、その後いったん水泡に帰すものの、そののち再興され、現在でも春の行楽季節には、東海寺に多数の参詣者をもたらしている（『柏市史　史料編五』）。

「名所の創造」によって、寺院経営を安定化させる。東海寺住職のこうした経営戦略は、同寺のみにみられるものではない。全国的にも有名な成田山新勝寺《なりたさんしんしょうじ》の事例がある。一農村の寺院に過ぎなかった新勝寺は、縁起の作成や寺格の上昇、あるいは寺領の拡大といった方策をとることで、多数の参詣者を確保しながら寺院経営の基盤を確保していった（原淳一郎「近世名所寺院の経営と宣伝活動」）。

こうした様子は、東海寺の経営志向とも重なる。換言すれば、新勝寺のように全国的な著名寺院ではなくとも、各地の寺院で同様の試みがなされていた可能性を想起させるだろう。あわせて、寺院経営を維持するための多面にわたる取り組みをする過程で、所持耕地の集積も進められたはずである。

寺檀制度を所与の前提として受け入れつつ、その枠組みにとらわれない経営を志向する住職。そして、寺院は檀家のみのよって支えられていたわけではないという歴史的事実。こうした存在を発掘することで、新たな近世寺院像がみえてくる。

近世寺院が語るもの――エピローグ

制度慣性としての寺檀制度

近世という時代が終わって、すでに一五〇年以上の時が経過している。寺檀《じだん》の関係が制度的に拘束されていた時代は、はるか彼方にある。にもかかわらず、この関係は、現在に至るまで維持されてきた。こうした事実をいかに解釈すべきなのだろうか。

ここで振り返っておきたい研究がある。辻善之助が提示した「近世仏教堕落論」である。戦前から戦後にかけて、日本仏教史研究に大きな足跡を残した辻は、近世仏教のありさまを「堕落」という言葉で簡潔に表現した。そして、辻史観の克服を目指す研究者は、寺院と檀家《だんか》との関係が今日に至るまで継続している事実こそが、近世において仏教が人々の間に根づいた証左であると訴えている。

筆者は、現在に至るまで、寺檀の関係が維持されてきた理由を制度慣性によるものとみている。長期にわたって強固に構築された制度は、いったん強制力を失しても、その枠組み自体をすぐに消滅させることはない。寺檀の関係もまた同様である。時間の流れのなかで、ゆっくりとその関係性を弛緩《しかん》させていく。現代の寺院が檀家離れの危機にさらされているのも、この慣性の有効期限が切れつつあることに起因しているのではないだろうか。

明治維新以降、長きにわたって固定的な寺檀の関係が存続してきた理由はどこにあるのか。そして、その枠組みが揺らぎをみせつつある原因はいかに説明されるのか。それぞれの寺が人の死と向き合う場であり、私たちの死生観にも大きく影響していることを考えるとき、こうした問いに対して回答を得ようとする試みは、時間軸的な延長線上で現代の課題に迫ろうとする歴史学研究の基本的立場を照射している。

寺院経営史と地域社会史

近世における信仰の問題や、地域社会を襲う人口減少の課題は、現代の寺院や地域社会がかかえる諸問題にも通じるところがあるだろう。裏を返せば、そうした現代的課題は、歴史的な延長線上で考究されなければならない。寺院と檀家との関係性が希薄になりつつあるなかにあって、近世に構築された寺檀制度や、その外側に広がる祈禱寺院の存在に目を向けることで、そこから有益な示唆を得ることができる。

本書では、こうした問題意識にもとづいて、その淵源を歴史的に探るための記述を進めてきた。寺院を一つの経営体とみることは、個別の寺の経済的なありさまを浮かび上がらせるとともに、寺院が社会的存在であることを改めて認識させる。いうなれば、寺院経営史研究は、個別寺院の経営実態を描出するために、政治や経済、地域社会、文化といった多方面に分析の視野を広げることを求めている。寺院経営の実態を論究することで、地域の社会経済的な状況や、政治行政がもたらす制度的側面、あるいは人々の行動様式に至るまでの広範な事象をも分析の射程に含めることができるといえるだろう。

近代を専門とする宗教史研究者の目には、近世の寺院が寺檀制度の枠組みのもとで、安定的な経営を維持していたと映ることがあるようである。実態はそう平明なものではない。寺院経営の舵取りは、住職のみによって担われていたのではない。人々との関わりや、地域の社会経済的な変動によって、寺院経営もまた大きな影響にさらされる。図式化された理解は、近世のみならず、近代以降の寺院像をも歪めかねない。檀家以外の人々にも目配りをしつつ、近世寺院の動向を具体的に論究することの意味がここにある。

ここまでの記述では、近世における寺檀制度を鍵概念としつつも、その枠組みから外れた寺院についても分析の対象としてきた。そうした寺院を含め、「寺院経営からみる地域社会像」の析出に務めてきたつもりである。

本書で追及してきた事柄は、こうした研究課題に対する一つの回答を得ようとしたものである。寺院経営の具体的な姿をいかに描出するのか。今後進めるべき不断の試行と次の問いが眼前にある。

『世事見聞録』の再考

ここでもう一度、本書の冒頭に紹介した『世事見聞録《せじけんぶんろく》』の内容を振り返って結びとしたい。近世の寺院、とりわけその経営を委ねられている住職は、確かに武陽隠士《ぶよういんし》が指摘するような権限を檀家に対してもっている。こうした権限を不正に行使する僧侶も存在したことだろう。ただし、それは一面的な理解にすぎないと理解いただけたのではないだろうか。

例えば住職と村との力関係。村側は住職による寺院資産の勝手な処分を認めていない。そうした行為が発覚した場合、住職が追い出される可能性すらある。両者の間には、権限を「行使する側」と「行使される側」といった一方的な関係が横たわっていたわけではない。このことを改めて確認することが必要だろう。

寺檀制度こそが寺院経営の根幹であり、その枠組みのなかで住職たちは、特段の経営戦略を講ずる必要もなく、安定した生活を営んできた。今日に至るまで引き継がれてきた近世の寺院経営に関する理解は、武陽隠士が指摘した一面の延長線上にある。

本書で明らかにできたことは、こうした近世寺院像には再考の余地が残されているという点である。明治時代以降、維新期の廃仏毀釈《はいぶつきしやく》や戦後の農地改革などをはじめとする時代環境の変化によって、寺院経営はいくたの困難にさらされてきた。こうした時代と比較すれば、江戸時代の寺院経営は安定していたかのようにみえるのかもしれない。

漠然としたこうした「印象」を取り払ったとき、近世において寺院を維持・存続させようとする住職たちの経営戦略がみえてくる。寺院の維持のために地域の人々が払った営為もまた同様であろう。宗教活動や思想をより純化させて寺院経営を安定させるのか。あるいは宗教活動以外の寺院資産を活用しながら多角的な経営を志向するのか。江戸時代における住職の経営戦略を分析することは、歴史学上の課題のみならず、現代の寺院経営についても、地域住民との関わり方を含めて有益な手がかりを与えてくれるはずである。

あとがき

筆者が大学院生の頃、伊藤正敏さんの『日本の中世寺院』（二〇〇〇年）が吉川弘文館から出版された。研究の対象とする時代が異なるため、充分に理解できたとは言い難い。しかしながら、政治経済史研究の一環として中世寺院のありさまを論じた同書に対し、自らの意を強くした思い出がある。近世の寺院についても、同じような分析視角からその実態を明らかにすることができるのではないか。社会経済史研究の立場から、いつの日か、近世寺院に関する一書を著したい。夢想にも似たそうした考えから、筆者の近世寺院経営史研究は始まったといってよい。

本書は、寺院の経営分析それ自体を目的とはしていない。寺院経営を通してみえてくる近世の地域社会像や寺院を基底とすることで析出される社会経済的状況。こうした実態を描出するために、ここまでの記述を進めてきた。本論中で目指してきたのは、寺院史研究と地域史研究の架橋である。

歴史的にみれば、近世以降、檀家組織が寺院を支える核となってきたことは間違いない。加えて、それぞれの地域の寺院は、そうした檀家組織を超えた人々の協力を得ることで成り立ってきた。現代の寺院がかかえる問題は、寺院経営が檀家のみによって支えられてきたという誤認にもとづくのではないか。寺院を維持するために、檀家を含む地域の人々が思考し、行動してきた営為を改めて振り返る必要がある。

他方で、「寺院離れ」という現象が加速度的に進行する現代にあって、各寺院を預かる住職が檀家のみに依存しない多面的な活動に従事し、それによって寺院の維持を図っている事例も報告されるようになってきた。書名を『住職たちの経営戦略』としたのは、そうした奮励を歴史学の視点から跡づけることを理由としている。その意味で、本書は今日的な課題から遡及して執筆を進めたということになるだろう。そこには、人口減少に伴う諸問題が深刻化しつつある現代日本において、わたしたちはいかにして寺院と向き合うのか、といった課題をも含んでいる。

それぞれの地域に暮らす人々との関わり方に収斂された近世の寺院経営像を供覧することができたのか。その答えは読者の皆さんに委ねたい。

本書の内容は、二〇一九年に吉川弘文館から出版した『近世地方寺院経営史の研究』、二〇二〇年一月から一五回にわたり『月刊住職』（興山舎）に連載した内容に多くを依拠し、書き下している。本書と併読していただければ幸いである。

出版にあたっては、前著に引き続き、吉川弘文館の大熊啓太さんに担当していただいた。文章の言い回しや各見出しのタイトルなど、多くのご助言をいただいた。文字通り、心より御礼申し上げたい。

最後に拙著が恩師・圭室文雄先生の『葬式と檀家』（一九九九年）、『江戸時代の遊行聖』（二〇一二年）とならんで歴史文化ライブラリーに収録されることを望外の喜びとして擱筆とする。

二〇二四年一〇月

田　中　洋　平

参考文献

安藤精一『不受不施派農民の抵抗』清文堂、一九七六年
飯島　渉『感染症の歴史学』岩波書店、二〇二四年
伊藤正敏『日本の中世寺院―忘れられた自由都市―』吉川弘文館、二〇〇〇年
岩田重則「『葬式仏教』の形成」末木文美士ほか編『新東アジア仏教史13　日本Ⅲ　民衆仏教の定着』佼成出版社、二〇一〇年
鵜飼秀徳『寺院消滅―失われる「地方」と「宗教」―』日経ＢＰ社、二〇一五年
大石慎三郎「江戸時代の戸籍について」福島正夫編『戸籍制度と「家」制度』東京大学出版会、一九五九年
大石久敬『地方凡例録』東京堂出版、一九九五年
大橋幸泰『潜伏キリシタン』講談社、二〇一四年
海保嶺夫『エゾの歴史』講談社、一九九六年
北尾義昭『安興寺誌』私家版、二〇〇二年
北村行遠『近世開帳の研究』名著出版、一九八九年
木村　礎『近世の村』教育社、一九八〇年
櫛田良洪『真言密教成立過程の研究』山喜房仏書林、一九六四年

黒田俊雄『寺社勢力』岩波書店、一九八〇年
児玉幸多ほか監修『日本史総覧Ⅳ　近世一』新人物往来社、一九九五年
齋藤悦正「村落寺院と村秩序―下野国河内郡高松村を例として―」国文学資料館史料館編『史料館研究紀要』三四、二〇〇三年
佐藤常雄「農業技術の展開と村落生活」『日本村落史講座七　生活Ⅱ近世』雄山閣、一九九〇年
しらが康義「不受不施派農民の生活と信仰」民衆史研究会編『民衆生活と信仰・思想』雄山閣、一九八五年
末木文美士『日本宗教史』岩波書店、二〇〇六年
須田　茂「近世後期常総農民における没落農民」『地方史研究』三〇、一九八〇年
高埜利彦「近世の村と寺社」同『近世日本の国家権力と宗教』東京大学出版会、一九八九年
髙橋秀慧「近世新義真言宗の官位に関する基礎的研究」『現代密教』二〇、二〇〇九年
竹田聴洲『祖先崇拝』平楽寺書店、一九五七年
竹田聴洲「近世諸国蓮門精舎の自伝的開創年代とその地域的分布（一）」同志社大学人文学会編『人文学』五六、一九六二年
田中洋平「幕末維新期の蝦夷地における曹洞宗寺院の新寺建立」『近代仏教』二〇、二〇一三年
田中洋平『近世地方寺院経営史の研究』吉川弘文館、二〇一九年
田中洋平「仏教史研究と歴史教育―高等学校における日本近世史分野を中心に―」『淑徳大学人文学部研究論集』四、二〇一九年

田中洋平「近世常陸国における天台宗寺院の経営」『淑徳大学人文学部研究論集』六、二〇二一年
田中洋平「近世下総国における寺院経営の多角化」『淑徳大学人文学部研究論集』七、二〇二二年
圭室文雄「江戸時代の天台宗寺院経営」『明治大学大学院紀要』五、一九六七年
圭室文雄『江戸幕府の宗教統制』評論社、一九七一年
圭室文雄「近世仏教の実態」圭室文雄ほか編『庶民信仰の幻想』毎日新聞社、一九七七年
圭室文雄『日本仏教史 近世』吉川弘文館、一九八七年
圭室文雄編『日本名刹大事典』雄山閣出版、一九九二年
圭室文雄『葬式と檀家』吉川弘文館、一九九九年
圭室文雄ほか編『日本の神仏の辞典』大修館書店、二〇〇一年
圭室文雄「江戸時代の村鎮守の実態」『明治大学教養論集』三六八、二〇〇三年
圭室文雄「熊本藩における寺院の実態」『明治大学教養論集』三八二、二〇〇四年
時枝 務「祭礼と里修験―近世後期における上野国山田郡大間々町大泉院の事例―」『山岳修験』一九、一九九七年
長島憲子『近世浅草寺の経済構造』岩田書院、一九九八年
中村孝也『徳川家康文書の研究 上巻』日本学術振興会、一九八〇年
橋本英樹『お寺の収支報告書』祥伝社、二〇一四年
長谷川匡俊「関東三弁天布施弁天の開帳と庶民信仰」同『近世の地方寺院と庶民信仰』岩田書院、二〇〇七年

速水　融『歴史人口学で見た日本』文藝春秋、二〇〇一年
速水　融『歴史人口学研究―新しい近世日本像―』藤原書店、二〇〇九年
原淳一郎「近世名所寺院の経営と宣伝活動―成田山新勝寺における江戸庶民との接点―」編『千葉史学』三五、一九九九年
原淳一郎「近世期名所のセット化と富士・大山参詣」『日本歴史』六三七、二〇〇一年
日暮義晃「新義真言宗田舎本寺大悲願寺とその門末に関する基礎的研究」『学習院大学人文科学論集』二〇、二〇一一年
武陽隠士『世事見聞録』岩波書店、一九九四年
朴澤直秀「教団組織と寺院」同『近世仏教の制度と情報』吉川弘文館、二〇一五年
朴澤直秀「祈禱寺檀関係と宗判寺檀関係」同『幕藩権力と寺檀制度』吉川弘文館、二〇〇四年
三浦俊明『近世寺社名目金の史的研究』吉川弘文館、一九八三年
宮崎英修『禁制不受不施派の研究』平楽寺書店、一九五九年
村上直編『近世史用語事典』新人物往来社、一九九三年
村田安穂『神仏分離の地方的展開』吉川弘文館、一九九九年
安高啓明『絵踏を踏んだキリシタン』吉川弘文館、二〇一八年
安丸良夫『神々の明治維新』岩波書店、一九七九年
安室　知「日本稲作と複合生業―その意義と現在―」赤坂憲雄ほか編『いくつもの日本Ⅳ　さまざまな生業』岩波書店、二〇〇二年

山本光正「上総国望陀郡大谷村における加持・祈禱―雨乞・虫加持・疱瘡加持を中心に―」『国立歴史民俗博物館研究報告』七〇、一九九七年
横関了胤『江戸時代洞門政要』仏教社、一九三八年

著者紹介

一九七六年、北海道に生まれる

一九九九年、高崎市立高崎経済大学経済学部卒業

二〇〇九年、明治大学大学院文学研究科博士後期課程退学

現在、淑徳大学人文学部准教授、博士（史学）

〔主要著書〕

『大学生のための日本近世史入門』（白鷗社、二〇一八年）

『近世地方寺院経営史の研究』（吉川弘文館、二〇一九年）

歴史文化ライブラリー
614

住職たちの経営戦略
近世寺院の苦しい財布事情

二〇二五年（令和七）二月一日　第一刷発行
二〇二五年（令和七）五月二十日　第二刷発行

著者　田《た》中《なか》洋《よう》平《へい》

発行者　吉川道郎

発行所　株式会社　吉川弘文館
東京都文京区本郷七丁目二番八号
郵便番号一一三―〇〇三三
電話〇三―三八一三―九一五一〈代表〉
振替口座〇〇一〇〇―五―二四四
https://www.yoshikawa-k.co.jp/

印刷＝株式会社　平文社
製本＝ナショナル製本協同組合
装幀＝清水良洋・宮崎萌美

ISBN978-4-642-30614-0

歴史文化ライブラリー

1996.10

刊行のことば

現今の日本および国際社会は、さまざまな面で大変動の時代を迎えておりますが、近づきつつある二十一世紀は人類史の到達点として、物質的な繁栄のみならず文化や自然・社会環境を謳歌できる平和な社会でなければなりません。しかしながら高度成長・技術革新にともなう急激な変貌は「自己本位な刹那主義」の風潮を生みだし、先人が築いてきた歴史や文化に学ぶ余裕もなく、いまだ明るい人類の将来が展望できていないようにも見えます。このような状況を踏まえ、よりよい二十一世紀社会を築くために、人類誕生から現在に至る「人類の遺産・教訓」としてのあらゆる分野の歴史と文化を「歴史文化ライブラリー」として刊行することといたしました。

小社は、安政四年（一八五七）の創業以来、一貫して歴史学を中心とした専門出版社として書籍を刊行しつづけてまいりました。その経験を生かし、学問成果にもとづいた本叢書を刊行し社会的要請に応えて行きたいと考えております。

現代は、マスメディアが発達した高度情報化社会といわれますが、私どもはあくまでも活字を主体とした出版こそ、ものの本質を考える基礎と信じ、本叢書をとおして社会に訴えてまいりたいと思います。これから生まれでる一冊一冊が、それぞれの読者を知的冒険の旅へと誘い、希望に満ちた人類の未来を構築する糧となれば幸いです。

吉川弘文館